INHALT

100% übersichtlich

Erleben Sie 100% Wien auf sechs Spaziergängen. Jedes Kapitel im 100% Cityguide ist einem Spaziergang gewidmet. Am Kapitelende gibt es eine Karte mit der Kurzbeschreibung des Spaziergangs. Auf der Karte in der vorderen Umschlagklappe sehen Sie die sechs Kartenausschnitte im Überblick. Dort finden Sie anhand der Buchstaben Ⓐ bis Ⓩ alle Hotels sowie die Sehenswürdigkeiten und Ausgehtipps, die nicht auf einem der Spaziergänge liegen.

In den sechs Kapiteln beschreiben wir ausführlich, welche Sehenswürdigkeiten Sie auf den Spaziergängen entdecken können und wo man gut essen, trinken, shoppen, feiern und relaxen kann. Alle Adressen sind mit einer Nummer ① gekennzeichnet, die Sie im Stadtteilplan am Ende des Kapitels wiederfinden. An der Farbgebung der Nummer können Sie erkennen, zu welcher Kategorie die jeweilige Adresse gehört:

Sehenswürdigkeiten	Shoppen
Essen & Trinken	100% there

SECHS SPAZIERGÄNGE

Zu jedem Kapitel gehört ein Spaziergang, der – ohne Besuch der genannten Adressen – ungefähr drei Stunden dauert. Die Länge der Strecke (in km) finden Sie über der Wegbeschreibung und auf den einzelnen Stadtteilplänen sehen Sie den genauen Verlauf der Route. Die Beschreibung neben dem Stadtplan führt Sie entlang der Sehenswürdigkeiten zu den schönsten Adressen. So entdecken Sie fast nebenbei die besten Shopping-Gelegenheiten, die nettesten Restaurants und die angesagtesten Cafés und Bars. Wer irgendwann keine Lust mehr hat, der Route zu folgen, kann aufgrund der Tipps und Pläne auch wunderbar auf eigene Faust Entdeckungen machen.

PREISANGABE BEI HOTELS UND RESTAURANTS

Um Ihnen eine Vorstellung von den Preisen in den Hotels und Restaurants zu geben, finden Sie bei den Anschriften stets auch die Preise. Die Angaben für Hotels beziehen sich auf ein Doppelzimmer mit Frühstück pro Nacht, es sei denn, es ist etwas anderes angegeben. Die Angaben für die Restaurants nennen – wenn nicht anders verzeichnet – den Durchschnittspreis eines Hauptgerichts.

GEPFLOGENHEITEN

Jeder kennt das klassische Wien-Bild mit Sisi, Fiakern (Pferdekutschen) und Prachtbauten. Dass Wien aber auch eine sehr moderne Stadt ist, ist weniger bekannt. Hier gibt es zahlreiche Designer-Boutiquen, ausgefallene Geschäfte und moderne Restaurants. Im Sommer, von Mai bis Mitte September, kann man in einer der vielen Strandbars am Donaukanal Cocktails trinken. Über die Landesgrenzen hinaus bekannt sind die Heurigen (Tavernen) im umliegenden Hügelland, das zudem mit einer herrlichen Aussicht auf Wien aufwartet. Und wer an warmen Tagen Abkühlung braucht, sollte unbedingt mal eines der Freibäder aufsuchen.

Im Winter, von Mitte November bis zum 24. Dezember, werden überall in der Stadt Weihnachtsmärkte aufgebaut. Die Wiener lieben es, abends über diese Märkte zu schlendern und einen Punsch zu trinken. Gern genutzt werden im Winter auch die vielen Rodelmöglichkeiten in und außerhalb der Stadt.
Die Wiener wissen das gute Leben zu schätzen. Kaffeehäuser, Kneipen und Restaurants sind auch unter der Woche gut besucht. Die Esskultur in Wien hat sich in den letzten Jahren gewandelt. Natürlich gibt es nach wie vor die traditionelle österreichische Küche mit Fleisch, Kartoffeln und Soßen, aber seit einiger Zeit eröffnen immer mehr internationale Restaurants und zeitgemäße Café und Bistros in der Stadt. Biologisches Essen hat für den Wiener einen hohen Stellenwert. Entsprechend groß ist die Zahl der Restaurants, in denen ausschließlich biologische Zutaten verwendet werden. Meist wird mittags eine warme Mahlzeit gegessen, zu der es auch oft Bier oder Wein gibt. Die Weine aus der Gegend sollte man unbedingt probieren! Die Restaurantpreise sind in der Regel moderat. Für ein einfaches Hauptgericht zahlt man rund neun Euro, bei den Portionen wird nicht gegeizt. Tipp: Sie sollten genug Bargeld bei sich haben, denn es gibt noch Restaurants, die keine Kreditkarten akzeptieren.

Die Zigarette zur Tasse Kaffee ist vielen Wienern heilig. Das bedeutet, dass in manchen Cafés und Restaurants noch geraucht werden darf, obwohl dieses Thema heiß diskutiert wird. Offiziell muss es in Lokalen einen Raucher- und einen Nichtraucherbereich geben. In der Praxis ist das jedoch nicht immer so.

Die Wiener mögen es süß. An jeder Straßenecke gibt es eine Konditorei mit Köstlichkeiten wie Sachertorte, Apfelstrudel und Krapfen. An vielen Plätzen stehen zudem Stände mit u. a. Käsekrainern, mit Käse gefüllten Bratwürsten.

In Wien gibt es zahlreiche Museen. Auch viele Festivals und Veranstaltungen werden organisiert. Näheres hierzu erfahren Sie unter *www.vienna.info*.

GUT ZU WISSEN

Geschäfte sind im Allgemeinen werktags von 10 bis 18.30 Uhr und samstags von 10 bis 17 Uhr geöffnet. Sonntags ist alles geschlossen. Viele kleine Boutiquen schließen – außer im Dezember – an Samstagen bereits um 13 Uhr. Museen sind meist montags geschlossen.

Wenn Sie öffentliche Verkehrsmittel nutzen und viele Museen besuchen möchten, lohnt die Anschaffung einer Vienna Card. Mit dieser Karte können Sie drei Tage lang uneingeschränkt U-Bahn, Straßenbahn oder Bus fahren. Außerdem erhalten Sie in Museen und in vielen Cafés, Restaurants und Theatern Ermäßigungen. Die Karte kostet 19,90 Euro und ist in den meisten Hotels und beim Touristenbüro auf dem Albertinaplatz erhältlich. Auch an großen U-Bahn-Stationen wie Westbahnhof und Landstraße/Wien Mitte kann man die Karte kaufen. Unter *www.wien.info/de/reiseinfos/wien-karte* finden Sie alle Informationen.

Noch ein Wort zur Sicherheit: Wien gehört zu den sichersten Metropolen der Welt, Taschendiebe gibt es dennoch. Achten Sie gut auf Ihre Wertsachen.

NATIONALE FEIERTAGE

Es gibt einige österreichische Feiertage, an denen Geschäfte in der Regel geschlossen sind und für Sehenswürdigkeiten andere Öffnungszeiten gelten können. Neben dem Neujahrstag, Ostern, Christi Himmelfahrt, Pfingsten und Weihnachten gibt es in Österreich die folgenden Feiertage:

6. Januar	Dreikönigstag
1. Mai	Tag der Arbeit
2. Do nach Pfingsten	Fronleichnam
15. August	Mariä Himmelfahrt
26. Oktober	Nationalfeiertag
1. November	Allerheiligen
8. Dezember	Mariä Empfängnis

HABEN SIE NOCH TIPPS?

Wir haben diesen Reiseführer mit großer Sorgfalt zusammengestellt. Da das Angebot an Geschäften und Restaurants in Wien jedoch regelmäßig wechselt, kann es sein, dass eine Empfehlung nicht mehr existiert. Besuchen Sie in diesem Fall oder wenn Sie andere Anmerkungen oder Fragen zu diesem 100% Cityguide haben, unsere Webseite *www.100travel.de/wien* oder schreiben Sie uns an *info@momedia.com*. Wir freuen uns über Ihre Hinweise, neue Tipps und natürlich auch Fotos. Posten Sie diese gerne auf unserer facebook fanpage: *facebook.com/100travel*.

Last but not least möchten wir noch bemerken, dass keine der vorgestellten Adressen für ihre Erwähnung bezahlt hat, weder für den Text noch für die Fotos. Alle Texte wurden von einer unabhängigen Redaktion geschrieben.

Hotels

Stilvoll zu übernachten ist in Wien überhaupt kein Problem. Die historischen Gebäude an der Ringstraße beherbergen viele vornehme und exklusive Hotels. Doch auch die Hotels der Mittelklasse sind meist sehr gut. Man kann in Wien preiswert übernachten, wenn man rechtzeitig bucht. Der Service ist in der Regel überall hervorragend. Eine Übersicht über die Übernachtungsmöglichkeiten finden Sie u. a. im Internet unter *www.vienna.info*, *www.tiscover.com/wien* und *www.100travel.de/wien*.

Wir stellen Ihnen hier einige unserer Lieblingshotels vor. Die jeweiligen Buchstaben sind in der Übersichtskarte am Anfang dieses Buches eingetragen. Die Preise beziehen sich (sofern nicht anders angegeben) jeweils auf ein Doppelzimmer pro Nacht mit Frühstück.

GÜNSTIGE PREISKLASSE

(A) Die Auszeichnung als bestes Hostel der Welt hat die Popularität des **Wombat's** noch gesteigert. Zur Auswahl stehen drei Standorte: *The Base*, *The Lounge* und *The Naschmarkt*. Alle drei Hostels bieten große und helle Doppelzimmer mit eigenem Bad, außerdem gibt es eine gemütliche Bar, in der jeden Abend die Party abgeht.
grangasse 6 (the base), www.wombats.at, telefon: 01 8972336, preis: ab 53 € (saal ab 14 € p. p.), u-bahn: westbahnhof

(B) Das **Carlton Opera Hotel** befindet sich in einem historischen Jugendstilgebäude mitten im angesagten Freihausviertel. Dieses Hotel ist nicht, wie der Name vermuten lässt, Teil der bekannten Hotelkette. Hier sind die Zimmer eher klein, doch sauber, und in manchen von ihnen sind noch Originalelemente wie Holzdielen, hohe Decken und Art-nouveau-Lampen erhalten. Eine bezahlbare Unterkunft in Zentrumsnähe!
schikanedergasse 4, www.carlton.at, telefon: 01 5875302, preis: ab 80 €, u-bahn: kettenbrückengasse

SORRY, WE'RE CLOSED.
DANIEL

Ⓓ **25HOURS HOTEL BEIM MUSEUMSQUARTIER**

Ⓒ Das hip eingerichtete **Hotel Daniel** ist eine Unterkunft mit entspannter Atmosphäre und schönen, hellen Zimmern. Es gibt unterschiedliche Kategorien: Belvedere bietet ein tolles Panorama, Hammock eine Hängematte. Und wer etwas ganz anderes sucht, kann einen Trailer mieten. Da sich das Hotel, das übrigens über ein gemütliches Restaurant verfügt, etwas außerhalb des Zentrums befindet, sind die Preise vergleichsweise moderat.
landstraßer gürtel 5, www.hoteldaniel.com, telefon: 01 901310, preis: ab 95 € (zimmer "smart luxury"), u-bahn: südbahnhof

MITTLERE PREISKLASSE

(D) Wer eine außergewöhnliche Unterkunft sucht, sollte das **25hours Hotel beim MuseumsQuartier** aufsuchen. Die Zimmer sind eine Hommage an die aufregende Welt des Zirkus und mit vielen liebevollen Extras ausgestattet. Außerdem können Sie kostenlos Fahrräder oder einen Mini leihen, um die Stadt zu erkunden, in der hauseigenen Sauna entspannen oder den Tag mit einem Drink an der Bar mit Dachterrasse ausklingen lassen.
lerchenfelder straße 1-3, www.25hours-hotel.com/wien, telefon: 01 521510, preis: ab 115 €, u-bahn: rathaus oder volkstheater

(E) Im Boutiquehotel **Altstadt Vienna** stehen Kunst und Service im Mittelpunkt. In dem ehemaligen Patrizierhaus im Künstlerviertel Spittelberg gibt es 42 Zimmer und Suiten, die alle individuell gestaltet sind. Neun der Zimmer wurden von dem Italiener Matteo Thun designt, mit Werken von u. a. Andy Warhol und Gilbert and George. Das Personal ist freundlich und hilfsbereit, und nirgendwo kann man besser relaxen als im Roten Salon bei einer Tasse Tee.
kirchengasse 41, www.altstadt.at, telefon: 01 5226666, preis: ab 139 €, u-bahn: volkstheater

(F) Den Betreibern des **Hollmann Beletage** ist etwas Besonderes gelungen: die überzeugende Mischung aus heimeliger Gemütlichkeit und ultramoderner Einrichtung. Im Wohnzimmer – der Begriff Lobby ist hier streng verboten – kann man es sich am offenen Kamin mit einem Buch aus der hoteleigenen Bibliothek gemütlich machen. Abends schenkt man sich an der Bar selbst einen Drink ein oder man geht in das kleine Hotelkino mit acht Sitzplätzen.
köllnerhofgasse 6, www.hollmann-beletage.at, telefon: 01 9611960, preis: ab 159 €, u-bahn: schwedenplatz

(G) Die Gastwirtschaft **Schreiners** wurde erst vor Kurzem in einem renovierten Biedermeierhaus eröffnet und verströmt die Atmosphäre eines alpinen Familienhotels. Jedes der sechs großen, modern eingerichteten Zimmer verfügt über eine Espressomaschine, eine separate Toilette, eine Regendusche und einen Balkon bzw. eine Terrasse mit Aussicht auf den Innenhof. Das Frühstück wird individuell für jeden Gast zubereitet.
westbahnstraße 42, www.schreiners.cc, telefon: 01 6764754060, preis: ab 155 €, u-bahn: burggasse oder stadthalle

(H) Jedes der 39 Zimmer im **Hotel Rathaus Wein & Design** ist einem berühmten österreichischen Weingut gewidmet. Das bedeutet auch, dass die Gäste auf ihrem Zimmer Weinflaschen genau "ihres" Weinguts vorfinden. Und das Thema zieht sich weiter wie ein roter Faden durch das ganze Hotel. So werden alle Hygieneprodukte im Bad auf Weinbasis hergestellt und selbst das reichhaltige Frühstück steht ganz im Zeichen des edlen Tropfens. So gibt es zum Beispiel Weinkäse und Weingugelhupf.
lange gasse 13, www.hotel-rathaus-wien.at, telefon: 01 4001122, preis: ab 160 €, u-bahn: rathaus

GEHOBENE PREISKLASSE

(I) Im Herzen der Stadt, nur ein paar Meter vom Stephansdom entfernt, liegt das **Hotel Topazz**. Für das markante Gebäude mit dunkler Fassade und ovalen Fenstern dienten Werke der Wiener Werkstätte um Koloman Moser, Gustav Klimt und Eduard Schiele als Inspirationsquelle. Die Zimmer sind stilvoll in Erdtönen eingerichtet, in den Badezimmern kommt reichlich Marmor zum Einsatz. Hinter den ovalen Fenstern verbergen sich breite Fensterbänke, auf denen man nach einem langen Tag in der Stadt herrlich entspannen kann.
lichtensteg 3, www.hoteltopazz.com, telefon: 01 5322250, preis: ab 225 €, u-bahn: schwedenplatz oder stephansdom

(J) Das Ende 2010 eröffnete **Sofitel Vienna Stephansdom** liegt mitten im Zentrum am Donaukanal. Architekt Jean Nouvel hat hier seiner Kreativität freien Lauf gelassen. Das außergewöhnliche Ergebnis ist ein nüchternes, hypermodernes Hotel mit riesigen schwebenden Decken im Inneren, auf die Aquariumszenen projiziert werden. Die Außenfassade des Hotels besteht ganz aus Glaselementen, sodass man aus jedem der hellen Hotelzimmer einen atemberaubenden Blick auf Wien hat. Die Seele baumeln lassen kann man im Spa mit Whirlpools und Hamams.
praterstraße 1, www.sofitel.com, telefon: 01 906160, preis: ab 215 €, u-bahn: schwedenplatz

Ⓚ Der britische Stilguru Sir Terence Conran entwarf die Einrichtung im **Triest**. Früher diente das Gebäude als Kutschenstation, von wo aus man in den italienischen Kurort Triest aufbrach – daher auch der Hotelname. Die historischen Elemente blieben in diesem beeindruckenden Designhotel zum Glück erhalten. Manche Zimmer sind allerdings etwas klein, und wer einen leichten Schlaf hat, sollte besser ein Zimmer zum Innenhof reservieren. Bei schönem Wetter wird das Frühstück auf der Terrasse serviert.

wiedner hauptstraße 12, www.dastriest.at, telefon: 01 5891880, preis: ab 279 €, u-bahn: karlsplatz

Unterwegs

Der **Flughafen** Wien-Schwechat ist mit öffentlichen Verkehrsmitteln gut zu erreichen. Die bequemen Busse der **Vienna Airport Lines** pendeln halbstündlich zwischen dem Flughafen und mehreren Orten in der Stadt (Südbahnhof, Westbahnhof und Schwedenplatz). Die Fahrt dauert 20 Minuten. Fahrkarten gibt es beim Fahrer. Eine einfache Fahrt kostet 7 Euro. Wer lieber mit dem Zug fährt, hat zwei Möglichkeiten: Der **CAT** (City Airport Train) fährt halbstündlich zum Bahnhof Wien Mitte. Die Fahrt dauert 16 Minuten und die Fahrkarte für Hin- und Rückfahrt (30 Tage gültig) kostet 17 Euro. Man kann aber auch den "normalen" Zug – die **Schnellbahn 7** – nach Wien Mitte nehmen. Dieser fährt ebenfalls nahezu halbstündlich, braucht jedoch 25 Minuten für die Strecke. Die Fahrkarte ist allerdings viel günstiger, eine einfache Fahrt kostet nur 4,20 Euro. Fahrkarten sind am Automaten erhältlich. Mehr hierzu im Internet unter *www. viennaairport.com*. Eine **Taxifahrt** ins Zentrum kostet ungefähr 38 Euro.

Der ÖPNV in Wien ist erstklassig. Die **Busse, Straßenbahnen und U-Bahnen** sind sauber und sicher, sie fahren häufig und sind pünktlich. Die U-Bahn besteht aus fünf Linien. Mit ihr kann man sehr gut größere Entfernungen zurücklegen. Meist wartet man nur ein paar Minuten auf die nächste Bahn, die einen in kürzester Zeit ans Ziel bringt. Die U-Bahn fährt von 5 Uhr bis Mitternacht, an Wochenenden und Feiertagen auch länger. In der Nacht gibt es in der ganzen Stadt auch Nachtbusse. Außerdem durchkreuzen 28 Straßenbahnlinien und 67 Stadtbuslinien die Stadt. Fahrkarten gibt es an den U-Bahn-Stationen und in Tabakläden. Man kann auch in der Straßenbahn und im Bus Fahrkarten lösen, aber hier sind sie teurer. Eine Einzelfahrkarte für eine Fahrt mit Umsteigemöglichkeit kostet 2,10 Euro (in der Straßenbahn oder im Bus 2,20 Euro). Eine Tageskarte für alle Verkehrsmittel kostet 7,10 Euro und eine Dreitageskarte 15,40 Euro. Die Fahrkarten müssen vor Fahrtantritt abgestempelt werden! Näheres hierzu erfahren Sie auf *www.wienerlinien.at*.

Taxis sind in Wien in der Regel zuverlässig und recht preiswert. Man kann sie einfach auf der Straße durch Handzeichen anhalten oder auch bestellen. Selten wartet man länger als vier Minuten. Telefonisch bestellt man Taxis unter 01 60160 oder 01 40100 (Nummern von Taxizentralen).

Wien wird zunehmend zu einer Stadt für Radfahrer. An rund 60 Standorten kann man bei **Citybike Wien** (*www.citybikewien.at*) ein Fahrrad mieten. Man meldet sich einfach mit einer Kreditkarte für 3 Euro an. Die erste Stunde ist kostenlos, danach zahlt man ein paar Euro pro Stunde. Die Räder können an jeder beliebigen Fahrradstation wieder abgegeben werden.

Die **Vienna Ring Tram** (*www.wienerlinien.at*) ist ideal fürs Sightseeing. Sie fährt eine ganze Runde über die Ringstraße. Innerhalb einer halben Stunde sieht man viele der berühmten Gebäude und Sehenswürdigkeiten. Zusteigen kann man an allen Straßenbahnhaltestellen auf der Innenseite des Rings. Eine Runde kostet 7 Euro. Tipp: Die Straßenbahnlinie D fährt vom Schottentor nach Belvedere und kommt dabei ebenfalls an vielen Sehenswürdigkeiten vorbei. Hier kostet die einfache Fahrt nur 2,10 Euro.

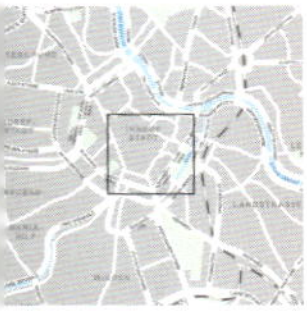

Zentrum Altstadt

Voller Pracht und Atmosphäre

Die Altstadt bzw. der Erste Bezirk, wie der Wiener sagt, lässt sich mit keinem anderen Stadtteil Wiens vergleichen. Hier ist alles herrschaftlich und exklusiv, voller teurer Läden, Luxuskarossen und prachtvoller Bauwerke. Das Flair ist typisch wienerisch: vornehm und einen Hauch distanziert.

Im Herzen von Wien liegen auch viele Sehenswürdigkeiten, beispielsweise der Stephansdom mit seinem 137 Meter hohen Turm aus dem 15. Jahrhundert. Kein anderes Gebäude lieben die Wiener so sehr wie ihren "Steffl", und daher ist in seiner Umgebung auch immer viel los. Im Sommer zeigen hier zahlreiche Straßenkünstler ihr Können.

Zwischen Stephansdom und der imposanten Staatsoper verläuft die breite Kärntner Straße. Früher war sie die Shoppingmeile der Reichen, heute gibt es dort vor allem große Ladenketten wie das in Wien sehr beliebte und vornehme Peek & Cloppenburg. Neben Einkaufsstraßen voller Betriebsamkeit findet

1

man in diesem Teil der City aber auch ruhige, mittelalterliche Gassen und zahlreiche herrschaftliche Gebäude aus dem 19. Jahrhundert.

Ein malerisches Plätzchen hinter dem Stephansdom ist der Franziskanerplatz. Er hat einfach alles, was ein Platz so braucht: eine Kirche, ein kleines Café mit Terrasse, ein Kloster und einen Brunnen. Idyllisch geht es weiter in den engen, alten Sträßchen rund um die Kärntner Straße sowie den Neuen Markt mit seinen zahlreichen Antiquitätengeschäften und Schmuckläden.

Um das Zentrum herum verläuft die Ringstraße, an deren südöstlicher Seite einige vornehme Hotels liegen. Diese breite, vier Kilometer lange Straße wurde nach 1857 angelegt, nachdem Kaiser Franz Joseph I. mit seinem Dekret "Es ist Mein Wille" den Abriss der alten Stadtmauern angeordnet hatte. An der Ringstraße befinden sich die prachtvollsten Bauwerke Wiens: die imposante Staatsoper und das Rathaus.

6 Insider-Tipps

Stephansdom

Die imposante gotische Kathedrale bestaunen.

Motto am Fluss

Ein Abendessen am Schiffsanleger genießen.

Albertina

Die Werke alter Meister bewundern.

Eissalon am Schwedenplatz

Das beste Eis Wiens kosten.

Café Prückel

In einem beliebten Kaffeehaus einen Wiener trinken.

Haus der Musik

Ein eigenes Orchester dirigieren.

- Sehenswürdigkeiten
- Shoppen
- Essen & Trinken
- 100% there

Sehenswürdigkeiten

① Der **Stephansdom**, dessen Anfänge aus dem 12. Jahrhundert stammen, ist eines der markantesten Gebäude der Stadt. Insgesamt besitzt die im gotischen Stil erbaute Kirche vier Türme, von denen nur der südliche fertiggestellt wurde. Mit seinen 137 Metern Höhe überragt der Südturm die ganze Innenstadt. Zu den Prunkstücken des Doms gehören der Altar, die Kanzel und die Katakomben. Hier haben neben den Habsburger Fürsten auch 12.000 "gewöhnliche" Bürger, die Opfer der Beulenpest wurden, ihre letzte Ruhestätte gefunden. Der Aufstieg über die 343 Turmstufen wird mit einem herrlichen Blick über die Stadt belohnt.
stephansplatz 3, www.stephanskirche.at, telefon: 01 515523767, geöffnet: mo-sa 6.00-22.00, so 7.00-22.00, führung katakomben mo-sa 10.00-11.30 & 13.30-16.30, so 13.30-16.30, turmbesteigung täglich 9.00-17.30, eintritt: frei, führung 4,50 €, turmbesteigung 3,50 €, u-bahn: stephansplatz

⑧ Die **Kaisergruft** ist die letzte Ruhestätte der Kaiser und Kaiserinnen des österreichisch-ungarischen Reichs. Über dem Eingang zur Krypta steht das Wort "Silentium" eingemeißelt, das auch heute noch die Besucher zur Stille mahnt. Das Grab der legendären Sisi kann man gar nicht verfehlen, denn es wird täglich mit frischen Blumen geschmückt.
tegetthoffstraße 2, www.kaisergruft.at, telefon: 01 5126853, geöffnet: täglich 10.00-18.00, eintritt: 5,50 €, u-bahn: stephansplatz

⑪ Die **Albertina** verdankt ihren Namen dem Erzherzog Albert von Sachsen-Teschen, der den Grundstein für das Museum legte. Das Gebäude beherbergt die weltweit größte grafische Kunstsammlung mit Werken von u. a. Rembrandt und Da Vinci. Hier findet man auch eine tolle Sammlung mit Gemälden von Monet und Picasso. In der ersten Etage werden regelmäßig tolle Sonderausstellungen gezeigt.
albertinaplatz 1, www.albertina.at, telefon: 01 534830, geöffnet: mo-di & do-so 10.00-18.00, mi 10.00-21.00, eintritt: 11,90 €, u-bahn: karlsplatz

⑭ Kaum zu glauben: Als die **Wiener Staatsoper** 1869 eröffnet wurde, war das Gebäude den Wienern nicht monumental genug. Einen der Architekten traf diese Kritik so sehr, dass er sich erhängte. Der Innenbereich mit dem beeindruckenden Foyer, den Wandteppichen und der Marmorhalle kann im Rahmen einer Führung besichtigt werden. Karten für Oper- und Ballettvorstellungen sind jeweils einen Monat im Voraus erhältlich.
opernring 2, www.wiener-staatsoper.at, telefon: 01 514442250, geöffnet: täglich 10.00-21.00, eintritt: 70 € (durchschnittlich), stehplatz ab 3 €, führung 6,50 € (zeiten siehe tageskasse), u-bahn: karlsplatz

⑯ Im **Haus der Musik** wohnte einst Otto Nicolai, der Gründer der Wiener Philharmoniker. Der Besuch ist ein Erlebnis, vor allem, wenn wenig los ist! Die Besucher dirigieren ihr eigenes Orchester, lassen sich vom besten Surround-System der Welt verzaubern und erfahren alles über die Geschichte der Musik.
seilerstätte 30, www.hdm.at, telefon: 01 513 48 50, geöffnet: täglich 10.00-22.00, eintritt: 11 €, u-bahn: stadtpark

⑲ Hinter der unscheinbaren Fassade der **Franziskanerkirche** (1603) verbirgt sich ein überwältigender Hochaltar mit der Jungfrau Maria, der 1707 von Andrea Pozzo erschaffen wurde. Ebenfalls sehenswert: die älteste Orgel der Stadt. Die Kirche wird noch heute von Franziskanermönchen unterhalten.
franziskanerplatz 4, telefon: 01 5124578, geöffnet: täglich 6.30-18.00, eintritt: frei, u-bahn: stephansplatz

㉑ Einer der berühmtesten Komponisten, die in der "Stadt der Musik" gelebt haben, war Mozart. Von 1784 bis 1787 wohnte er mit seiner Familie in dem nach ihm benannten **Mozarthaus**. Hier erfährt der Besucher, wie Mozart seine Tage verbrachte, was ihn beschäftigte und mit wem er befreundet war.
domgasse 5, www.mozarthausvienna.at, telefon: 01 512 17 91, geöffnet: täglich 10.00-19.00, eintritt: 9 €, u-bahn: stephansplatz

JESUITENKIRCHE (31)

(24) Das **MAK** (Museum für angewandte Kunst) wurde 1864 als Museum für Kunst und Industrie gegründet, doch mittlerweile hat es sich zu einem der führenden Museen für angewandte Kunst gemausert. Zu sehen gibt es Möbel, Gebrauchsgegenstände und Skizzen u. a. von Josef Hoffmann und Koloman Moser. Ebenfalls nicht verpassen sollte man den Museumsshop und das Café mit dem ruhigen Garten.
stubenring 5, www.mak.at, telefon: 01 711360, geöffnet: di 10.00-22.00, mi-so 10.00-18.00, eintritt: 7,90 €, di 18:00-22:00 frei, u-bahn: stubentor

(29) Die **Bäckerstraße** mit ihren alten Herrenhäusern und den Wappen an den Fassaden verdankt ihren Namen den vielen Bäckern, die hier einst wohnten. Im kleinen Innenhof der Bäckerstraße 7 sieht man noch die Überreste eines Pferdestalls aus dem 18. Jahrhundert. Achten Sie auf die schmiedeeisernen Balkonbrüstungen und besuchen Sie eine der vielen kleinen Galerien.
bäckerstraße 7, u-bahn: stephansplatz

(31) Die **Jesuitenkirche**, die auch oft Universitätskirche genannt wird, stammt aus dem frühen 17. Jahrhundert und wurde nach Plänen von Andrea Pozzo zwischen 1702 und 1709 zur Barockkirche umgebaut. Das Interieur der Kirche ist prachtvoll, ja fast schon kitschig. Wer sich auf die weiße Platte im Gang stellt und nach oben blickt, kann die Deckenbemalung bewundern, die dem Betrachter eine Kuppel vorgaukelt. Sonntags um 10.30 Uhr findet eine gut besuchte Messe statt, an der sich auch der Chor von Sankt Augustin beteiligt.
dr.-ignaz-seipel-platz 1, www.jesuitenwien1.at, geöffnet: mo-sa 7.00-19.00, so 8.00-19.00, u-bahn: stubentor

(33) Mit ihrer Backsteinfassade im byzantinischen Stil fällt die **Griechenkirche** sofort ins Auge. Die kleine griechisch-orthodoxe Kathedrale aus dem Jahr 1787 steht im ehemaligen "Griechenviertel", in dem sich im 18. Jahrhundert viele Griechen ansiedelten. Davor waren in Wien Kirchen anderer Religionen außer der römisch-katholischen verboten. Im Inneren erwarten den Besucher griechisch-orthodoxe Ikonen und ein beeindruckender Bischofsthron.
fleischmarkt 13, telefon: 01 5333889, geöffnet: wechselnd, eintritt: frei, u-bahn: schwedenplatz

WIENER STAATSOPER ⑭

20 KLEINES CAFÉ

Essen & Trinken

(2) Teeliebhaber sollten auf keinen Fall das Café von **Haas & Haas** verpassen, das mit über 200 verschiedenen Teesorten aus aller Welt aufwartet. Außerdem werden dazu passende Frühstücke und Mittagessen serviert. Zu empfehlen ist ein Brunch auf der idyllischen, etwas versteckt gelegenen Terrasse in Dom-Nähe. Im hauseigenen Laden nebenan können Sie Tee einkaufen.
stephansplatz 4, www.haas-haas.at, telefon: 01 5122666, geöffnet: mo-sa 8.00-20.00, so 9.00-18.00, preis: brunch 9,50 €, u-bahn: stephansplatz

(5) Die Meinungen über das von Hans Hollein entworfene Spiegelgebäude, in dem das **Do & Co** untergebracht ist, gehen auseinander. Auf jeden Fall hat man von hier aus einen wundervollen Blick auf das bunte Dach des Stephansdoms. Das Restaurant serviert Spezialitäten aus aller Welt wie Steaks aus Uruguay oder exklusiven Döner Kebap. Übrigens: Herren ohne Jackett dürfen nicht herein. Abends muss man reservieren.
stephansplatz 12, www.doco.com, telefon: 01 24188, geöffnet: täglich 12.00-15.00 & 18.00-0.00, preis: kebab 21 €, u-bahn: stephansplatz

(7) Ins **Le Bol** geht man, wenn man Lust auf ein echt französisches Croissant, eine Quiche oder einen großen Salat hat. Man sitzt an einem langen Lesetisch, trinkt Milchkaffee aus großen Tassen und genießt eine ausgezeichnete *Tarte au citron*. Das Interieur ist typisch französisch mit Apothekerschränken und Fliesen an den Wänden. Für zu Hause gibt es gleich mehrere verschiedene Schokoladenfondues zum Mitnehmen. Im Sommer ist die schöne Terrasse vor der Tür geöffnet.
neuer markt 14, www.lebol.at, telefon: 0699 10301899, geöffnet: mo-sa 8.00-22.00, so 10.00-20.00, preis: lunch 8,50 €, u-bahn: stephansplatz

(9) Ende 2002 stellte die slowakische Restaurantkette **Medusa** in Wien ein völlig neues Konzept vor: ein Café, ein Restaurant und ein Club unter einem Dach vereint. In der Praxis bedeutet dies: drei Etagen Genuss pur in gemütlich-mediterranem Ambiente. Der Club öffnet zwar erst abends, dafür kann man aber bis in die Morgenstunden tanzen. Im Sommer kommt noch eine vierte Dimension hinzu: eine Terrasse direkt vor dem Haus.
neuer markt 8, www.medusarestaurant.at, telefon: 0676 6057286, geöffnet: so-di 10.00-1.00, mi-sa 10.00-2.00, preis: risotto 13 €, u-bahn: stephansdom

㉓ CAFÉ PRÜCKEL

⑬ Die Brasserie **Palmenhaus** ist in einem wunderschönen Jugendstil-Gewächshaus untergebracht und bei Touristen und Einheimischen äußerst beliebt. Nicht selten hört man, dass es hier die besten Steaks von ganz Wien gibt. Was Liebhaber von Fisch nicht abschrecken sollte, denn Fischgerichte werden ebenfalls serviert. Und dazu nicht weniger als 230 verschiedene Weine. Freitags legt ein DJ auf und im benachbarten Gewächshaus wartet ein Schmetterlingsgarten.
burggarten 1, www.palmenhaus.at, telefon: 01 5331033, geöffnet: mo-do 11.30-0.00, fr-sa 10.00-1.00, so 10.00-23.00, preis: 18 €, u-bahn: herrengasse

(15) Wiener nehmen ausländische Gäste gerne mit ins Plachutta, ein Traditionslokal, das für seine ausgezeichneten Gerichte wie etwa Tafelspitz und Wiener Schnitzel bekannt ist. Heute hat das Plachutta verschiedene Ableger in der Stadt, das modernste ist **Plachuttas Gasthaus zur Oper**. Statt klassischer Einrichtung setzt man hier auf stilvolles weißes Design und helle Holzmöbel. Im Sommer ist die riesige Terrasse zu empfehlen.
walfischgasse 5-7, www.plachutta.at, telefon: 01 5122251, geöffnet: täglich 11.00-0.30, preis: schnitzel 19 €, u-bahn: karlsplatz

(20) Im **Kleinen Café**, das vom Architekten Hermann Czech gestaltet wurde, herrscht immer beste Stimmung. Touristen mischen sich in diesem winzigen Lokal unter die einheimischen Stammgäste. Das Ambiente ist intimer als in anderen Wiener Kaffeehäusern und erinnert an ein Pariser Café. Die Terrasse auf dem romantischen Franziskanerplatz zählt zu den schönsten der Stadt. Ein Sommertraum!
franziskanerplatz 3, geöffnet: täglich 10.00-2.00, preis: melange 3 €, u-bahn: stephansplatz

(23) Gegenüber dem Stadtpark und dem Museum für angewandte Kunst liegt das **Café Prückel**, ein Kaffeehaus mit herrlichem Retro-Interieur, das zu den beliebtesten der Stadt gehört. Probieren Sie ein köstliches Törtchen oder ein Mittagessen, wofür Ihr Tisch extra mit einer schneeweißen Tischdecke versehen wird. An drei Abenden sorgt ein Pianist für musikalische Untermalung.
stubenring 24, www.prueckel.at, telefon: 01 5126115, geöffnet: täglich 8.30-22.00, preis: mittagessen 7 €, u-bahn: stadtpark

(27) Das **Café Diglas** ist das Stammcafé vieler Wiener. Eine erstklassige Adresse, um in ungezwungener Atmosphäre auf roten Plüschsofas eine Melange zu schlürfen, serviert von einem Ober im perfekt sitzenden Anzug. Natürlich darf zum Kaffee ein großes Stück Torte nicht fehlen, wir sind ja in Wien! Zur Auswahl stehen nicht weniger als 15 verschiedene Sorten, die jeden Tag in der eigenen Bäckerei gezaubert werden.
wollzeile 10, www.diglas.at, telefon: 01 5125765, geöffnet: mo-sa 8.00-22.30, so 9.00-22.00, preis: melange 3,50 €, u-bahn: stephansplatz

(28) In das Restaurant **Labstelle** zu gelangen, ist gar nicht so leicht. Es gibt zwei Möglichkeiten: durchs Hintertürchen im Innenhof an der Wollzeile oder durch den Haupteingang am Lugeck. Serviert werden lokale Gerichte, die zum Teil wie Kunstwerke präsentiert werden. Das köstliche hausgemachte Brot, die freundliche Bedienung und die angenehme Atmosphäre sind die weiteren Zutaten für einen perfekten Abend.
lugeck 6, www.labstelle.at, telefon: 01 2362122, geöffnet: mo-sa 10.00-2.00, küche 12.00-14.30 & 18.00-23.30, preis: vier-gänge-menü 37 €, u-bahn: schwedenplatz

(30) Das **Kaffee Alt Wien** ist der Inbegriff einer echten Künstlerkneipe: schummriges Licht, Plakate an den Wänden, ein Billardtisch in der Ecke und natürlich eine gut sortierte Bar. Eröffnet wurde es 1936 von Leopold Hawelka und seiner Frau, die später auch das Café Hawelka gründeten. Das Alt Wien wird vor allem von Journalisten und Künstlern besucht.
bäckerstraße 9, telefon: 01 5125222, geöffnet: täglich 10.00-2.00, preis: gericht 6,50 €, u-bahn: stephansplatz

(32) Wer zum Essen in den **Hollmann Salon** kommt, fühlt sich wie bei Freunden. An den langen Tischen werden Tagliatelle mit Rinderfilet und Gorgonzola oder die berühmte Salon-Bouillabaisse serviert. Alles biologisch, vom Brot bis zu den himmlischen Desserts. Leider wird schon um 22.00 Uhr geschlossen.
grashofgasse 3, www.hollmann-salon.at, telefon: 01 961196040, geöffnet: mo-fr 12.00-23.00, sa 9.00-23.00, preis: drei-gänge-menü 33 €, u-bahn: schwedenplatz

(35) Das beste Eis Wiens bekommen Sie im **Eissalon am Schwedenplatz**. Eine Besonderheit: Auch wenn Sie nur eine Kugel möchten, können Sie zwei Sorten bestellen. Genießen können Sie die kalte Erfrischung in der Waffel auf einer der Holzbänke unter den Bäumen, Eisbecher werden auf der immer vollen Terrasse serviert.
franz-josefs-kai 17, www.gelato.at, telefon: 01 5331996, geöffnet: märz-okt. täglich 10.00-23.15, preis: je kugel 1,10 €, u-bahn: schwedenplatz

(36) Am Schiffsanleger am Donaukanal liegt das trendy **Motto am Fluss**. Von der Terrasse aus kann man im Liegestuhl den vorbeiziehenden Booten zusehen. Das Café hat eine kleine Karte; für den großen Hunger geht man

LABSTELLE (28)

hinüber ins Restaurant, wo die Küche herrliche Bio-Gerichte zaubert und das Brot selbst bäckt. Abends sorgt ein DJ für lässige Elektroklänge.
franz-jozefs-kai/vorkai, www.motto.at/mottoamfluss, telefon: 01 2525511, geöffnet: täglich 8.00-2.00 (café), 11.30-14.30 & 18.00-2.00 (restaurant), preis: melange 3 €, u-bahn: schwedenplatz

(37) In der Café-Konditorei **Aida** ist alles rosa. Das Interieur stammt aus den 50er- und 60er-Jahren und wirkt in allen 34 Wiener Filialen gleich. Aida hat Kultstatus erlangt, weil es sich dem Fortschritt widersetzt. Das weibliche Personal trägt rosa Schürzen und rosa Socken in Sandalen. Auf der Karte stehen Dinge, die man sonst nicht mehr bekommt wie Schinkenrollen mit Frischkäse.
rotenturmstraße 24, www.aida.at, telefon: 01 8908988207, geöffnet: mo-sa 6.30-20.00 & so 9.00-20.00, preis: stück torte 3 €, u-bahn: schwedenplatz

Shoppen

④ Dort, wo Josef Manner I. 1890 mit der Produktion und dem Verkauf seiner Neapolitaner Schnitten begann, steht heute der ganz in Rosa gehaltene **Manner**-Shop. Die berühmten Manner-Schnitten (mit Haselnusscreme gefülltes Waffelgebäck) kennt in Österreich jedes Kind. Sie sind überall erhältlich, aber nur hier gibt es sie frisch aus der Produktion und noch dazu im besonders großen Format von 20 x 30 Zentimetern. Unbedingt probieren!
stephansplatz 7, www.manner.at, telefon: 01 5137018, geöffnet: täglich 10.00-21.00, u-bahn: stephansplatz

⑥ Ein Bummel durch das **Steffl** lohnt sich immer. Das berühmte Wiener Kaufhaus bietet auf neun Etagen Markenkleidung – u. a. von Prada und Versace – für Damen, Herren und Kinder. Wer auf edler Schnäppchensuche ist, geht ins Designeroutlet. In der Sky Bar kann man bei einem guten Gläschen die herrliche Aussicht genießen.
kärntner straße 19, www.steffl-vienna.at, telefon: 01 930560, geöffnet: mo-fr 10.00-20.00, sa 9.30-18.00, u-bahn: stephansplatz

⑩ Zwischen den großen Ladenketten der Kärntner Straße hat das altehrwürdige Familienunternehmen **Lobmeyr** seinen Sitz. Die pompösen Kristallleuchter, die hier verkauft werden, sind weltberühmt und zieren u. a. die Eingangshalle des Obersten Sowjet und das Gebäude der Vereinten Nationen. Das K.u.k-Logo (kaiserlich und königlich) am Giebel erinnert an die Zeiten, in denen das Unternehmen Hoflieferant des Kaisers war. Im Obergeschoss befindet sich ein kleines Museum mit Kronleuchtern und Glasarbeiten.
kärntner straße 26, www.lobmeyr.at, telefon: 01 512050888, geöffnet: mo-fr 10.00-19.00, sa 10.00-18.00, u-bahn: stephansplatz

⑰ Mitten im ehrwürdigen Wiener Stadtzentrun liegt **Die vermischte Warenhandlung**. In diesem wunderschönen Geschenkeladen kann man herrlich zwischen englischen Teetassen, Geschenkpapier, Schmuck, Kalendern, Porzellan und vielem mehr herumstöbern.
weihburggasse 16, www.abc-wien.at, telefon: 01 5128853, geöffnet: mo-fr 10.00-18.30, sa 10.00-17.00, u-bahn: stephansplatz

SCHNEEWEISS ㉖

⑱ **Aichinger, Bernhard & Comp**. ist ein kleiner Buchladen, der an ein gemütliches Wohnzimmer erinnert. Die Bücher stapeln sich bis unter die Decke, doch die sympathische Besitzerin behält immer den Überblick.
weihburggasse 16, www.abc-wien.at, telefon: 01 5128853, geöffnet: mo-fr 10.00-18.30, sa 10.00-17.00, u-bahn: stephansplatz

㉖ Im stilvoll eingerichteten **Schneeweiss** findet man elegante Kleidung zum Beispiel von Filippa K oder Tigers of Sweden. Im Zwischengeschoss gibt es neben einem praktischen großen Spiegel auch Designertaschen. Wer Beratung braucht, ist bei der freundlichen Inhaberin an der richtigen Adresse. Übrigens hat Schneeweiss in der Lindengasse eine noch coolere Schwester: Rosenrot.
wollzeile 20, www.schneeweiss-wien.com, telefon: 01 19166416, geöffnet: mo-fr 11.00-18.30, sa 10.30-17.00, u-bahn: stubentor

100% there

③ Eine Fahrt im **Fiaker** ist die traditionellste und romantischste Art, Wien zu entdecken. Seit Ende des 17. Jahrhunderts fahren die Pferdekutschen durch die Stadt. Einstiegsmöglichkeiten gibt es am Stephansdom, am Albertinaplatz, am Heldenplatz und vor dem Burgtheater.
www.fiaker.at, preis: je kutsche und tour von 20 minuten 55 €, 40 minuten 80 €, 60 minuten 110 €

⑫ Was dem Deutschen seine Imbissbude, ist dem Wiener sein **Würstelstand**. Hier gibt es die unterschiedlichsten Wurstsorten, doch am beliebtesten ist das Frankfurter Würstchen. Man isst es mit einem Stück Brot und einer ordentlichen Portion süßem oder scharfem Senf. Der Würstelstand am Albertinaplatz wurde vom Architektenduo Schuberth & Schuberth entworfen.
albertinaplatz 1, geöffnet: mo-sa 7.00-4.00, so 10.00-4.00, preis: frankfurter 3 €, u-bahn: karlsplatz

㉒ Bei Wien denkt man unweigerlich auch an Opernvorstellungen und Klassikkonzerte, denn in keiner anderen Stadt gibt es so viele davon. Wie wäre es daher mit einer **Stadtführung** auf den Spuren großer Komponisten wie Mozart und Strauss deren Werke zu ihrer Zeit noch in kleinen Musiksalons aufgeführt wurden? Lassen Sie sich zum Beispiel von Mariken zu Orten entführen, an denen Beethoven und Haydn ihre schönsten Musikstücke komponierten. Mariken kennt sich aus in der Stadt der Musik und verrät einige kleine und große Geheimnisse, die sie umgeben.

㉕ Der **Stadtpark** mit dem Flüsschen Wien und seinen kleinen Teichen eignet sich sehr gut zum Spazierengehen. Mittendrin: das protzige goldene Denkmal für Johann Strauss und eines der besten Restaurants der Stadt: Steiereck. Außerdem beherbergt das gleiche Haus die Meierei im Stadtpark, die mit 120 Käsesorten aufwartet.
u-bahn: stadtpark oder stubentor

WÜRSTELSTAND ⑫

㉞ Wer in früheren Zeiten durch die **Griechengasse** ging, lebte gefährlich. Um nicht von einer Pferdekutsche überfahren zu werden, blieb Passanten nur, sich möglichst dicht an eine Hauswand zu pressen. Das Schild, das Kutscher zur Tempodrosselung auffordert, und die zum Schutz von Passanten angebrachten Ausbuchtungen an den Fassaden sind heute noch zu sehen.
griechengasse, u-bahn: schwedenplatz

Zentrum Altstadt

SPAZIERGANG 1 (ca. 5 km)

Der Spaziergang beginnt am Stephansdom (1). Rechts dahinter können Sie Tee trinken (2), links in einen Fiaker steigen (3) oder Schokowaffeln kaufen (4). Mit dem Rücken zum Dom stehend zum spiegelnden Gebäude (5) gehen und dann geradeaus in die Kärntner Straße, in der links das Kaufhaus Steffl (6) steht. Die dritte Straße rechts Richtung Neuen Markt nehmen, um ein Croissant (7) zu essen, das Grab von Sisi (8) zu besuchen oder zu speisen (9). Zweimal links abbiegen, um wieder in die Kärntner Straße zu gelangen. An alten Kronleuchtern (10) vorbei rechts in die Führichgasse gehen. Die erste Straße links nehmen, die zum Museum Albertina (11) (12) führt. Hinter dem Museum liegt im Burggarten das Palmenhaus (13). Links in der Philharmoniker Straße finden Sie das Hotel Sacher und rechts die Wiener Staatsoper (14). Geradeaus gehen, um ein Wiener Schnitzel (15) zu essen, und am Ende der Straße links abbiegen. Lust auf ein Museum mit Musik (16)? Dann rechts in die Seilerstätte spazieren. Nach dem Theater links in die Weihburggasse abbiegen, in der sich links zwei besondere Läden (17) (18) befinden. Am romantischen Platz rechts gehen, vorbei an der Franziskanerkirche (19) und einem Café (20). An der Kreuzung links abbiegen, rechts die Grünangergasse nehmen und links in den Innenhof gehen. Die Treppen hinauf zur Blutgasse, in der Sie rechts das Mozarthaus (21) sehen. An einer musikalischen Führung (22) teilnehmen. Vor dem Museum rechts in die Domgasse abbiegen, dann links und danach rechts in die Schulerstraße einbiegen. Wieder links gehen, um die Wollzeile zu erreichen. Wer ein Wiener Kaffeehaus (23), ein Museum (24) oder den Stadtpark (25) sehen möchte, geht rechts. Ansonsten links abbiegen, um zu shoppen (26). Nach dem Café (27) rechts den Durchgang zu tollen Läden nehmen. Am Ende links wartet ein Restaurant (28). Rechts in die Bäckerstraße abbiegen (29), an der Kneipe (30) vorbei in Richtung Kirche (31) gehen. Links abbiegen und in der Kurve rechts im Heiligenkreuzerhof ein Essen (32) genießen. Geradeaus über die Grashofgasse Richtung Fleischmarkt spazieren. Rechts gehen, dann links an der Griechenkirche (33) vorbei und durch die Griechengasse (34) Richtung Schwedenplatz schlendern für ein Eis (35) oder einen Drink (36). Links in der Rotenturmstraße den Spaziergang mit etwas Süßem abschließen (37).

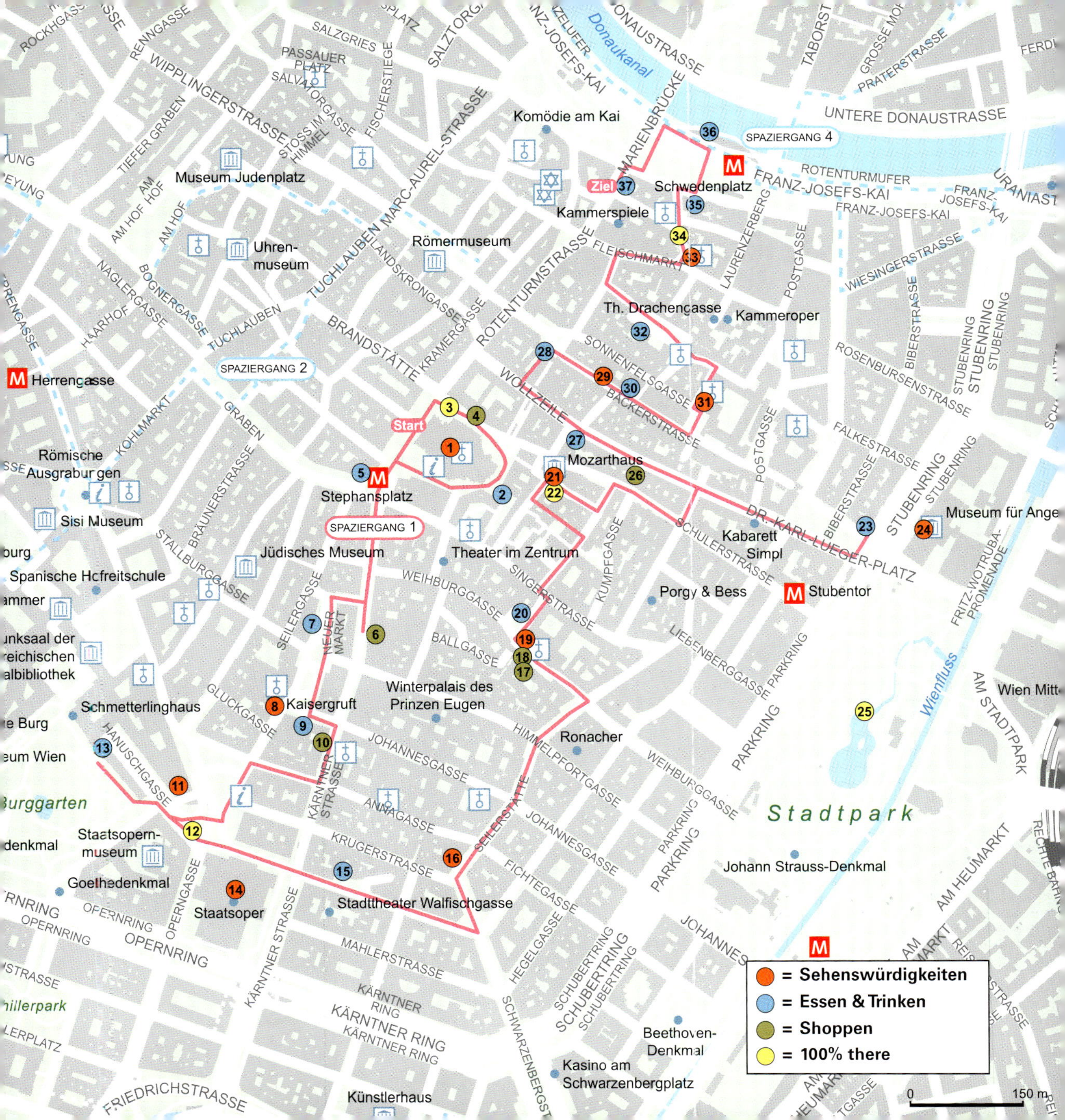

Donaukanal
Spaziergang 4
Spaziergang 2
Spaziergang 1
Start
Ziel
Komödie am Kai
Museum Judenplatz
Uhren-
museum
Römermuseum
Schwedenplatz
Kammerspiele
Th. Drachengasse
Kammeroper
Herrengasse
Römische
Ausgrabungen
Sisi Museum
Stephansplatz
Mozarthaus
Jüdisches Museum
Theater im Zentrum
Kabarett
Simpl
Spanische Hofreitschule
Porgy & Bess
Stubentor
Museum für Ange
Winterpalais des
Prinzen Eugen
Kaisergruft
Schmetterlinghaus
Ronacher
Wien Mitte
Burggarten
Stadtpark
Staatsopern-
museum
Goethedenkmal
Staatsoper
Stadttheater Walfischgasse
Johann Strauss-Denkmal
Beethoven-
Denkmal
Kasino am
Schwarzenbergplatz
Künstlerhaus
Wienfluss
Wipplingerstrasse
Rotenturmstrasse
Wollzeile
Kärntner Strasse
Kärntner Ring
Opernring
Franz-Josefs-Kai
Untere Donaustrasse
Dr.-Karl-Lueger-Platz
Graben
Kohlmarkt
Tuchlauben
Brandstätte
Singerstrasse
Weihburggasse
Johannesgasse
Annagasse
Krugerstrasse
Himmelpfortgasse
Seilerstätte
Schubertring
Parkring
Stubenring
Friedrichstrasse
= Sehenswürdigkeiten
= Essen & Trinken
= Shoppen
= 100% there
0
150 m

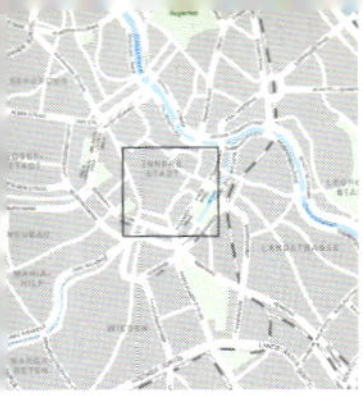

1 Stephansdom
2 Haas & Haas
3 Fiaker
4 Manner
5 Do & Co
6 Steffl
7 Le Bol
8 Kaisergruft
9 Medusa
10 Lobmeyr
11 Albertina
12 Würstelstand
13 Palmenhaus
14 Wiener Staatsoper
15 Plachuttas Gasthaus zur Oper
16 Haus der Musik
17 Die vermischte Warenhandlung
18 Aichinger, Bernhard & Comp.
19 Franziskanerkirche
20 Kleines Café
21 Mozarthaus
22 Stadtführung
23 Café Prückel
24 MAK
25 Stadtpark
26 Schneeweiss
27 Café Diglas
28 Labstelle
29 Bäckerstraße 7
30 Kaffee Alt Wien
31 Jesuitenkirche
32 Hollmann Salon
33 Griechenkirche
34 Griechengasse
35 Eissalon am Schwedenplatz
36 Motto am Fluss
37 Aida

Zentrum Hofburg

Kaiserlicher Glanz und Kaffeehaustradition

Wohin man blickt, überall sieht man herrschaftliche Paläste. Der schönste von ihnen ist die Hofburg, der Winterpalast der legendären Kaiserin Sisi. Im Sisi Museum können Besucher die kaiserlichen Gemächer besichtigen und alles über das Leben der berühmten Majestät erfahren, das gar nicht so rosig und romantisch war, wie einem oft vorgegaukelt wird. Doch außer ihr haben noch viele andere Kaiserinnen und Kaiser hier gelebt und ihren Teil zur Hofburg beigetragen, denn jeder von ihnen hat das Gebäude um einen neuen Flügel erweitert. Gegenüber der Hofburg liegt die Spanische Hofreitschule. Diese beiden Sehenswürdigkeiten sind die beliebtesten Ziele aller Wienbesucher.

Jenseits des Rings, der um das ganze Zentrum läuft, ragen zwei riesige, identische Gebäude empor. Das rechte beherbergt das Kunsthistorische Museum, das linke das Naturhistorische Museum. Etwas weiter entfernt liegen das österreichische Parlamentsgebäude und das von Theaterkennern in aller Welt hochgelobte Burgtheater.

2

Von der echten Wiener Kaffeekultur zeugen die vielen alten Kaffeehäuser, die man in der ganzen Stadt findet. Auf der Karte stehen häufig Dutzende verschiedene Kaffeesorten! Von den Wienern heiß geliebt: die Melange (Kaffee mit Milch und Milchschaum) und der Braune (Espresso mit einem Schuss warmer Milch).

Nicht weit vom Stephansdom entfernt liegt der Judenplatz, Zentrum des ehemaligen Judenviertels. Früher stand hier eine Synagoge, heute informiert ein Museum über die Geschichte der Wiener Juden. Auf dem Platz steht außerdem ein Denkmal für die österreichischen Holocaust-Opfer.

Zwischen Hofburg und Stephansplatz verläuft die elegante Einkaufsstraße Graben, eine breite Allee mit beeindruckenden Gebäuden. Die teuerste Einkaufsstraße der Stadt ist der Kohlmarkt mit den großen internationalen Modehäusern. Doch auch der K.u.k.-Hofzuckerbäcker Demel und das edle Delikatessengeschäft Julius Meinl lohnen einen Besuch.

6 Insider-Tipps

Julius Meinl

Delikatessen aus aller Welt probieren.

Beaulieu

Köstliche Quiches und Salate kosten.

Hofburg

Den Winterpalast der Kaiserin Sisi besuchen.

Café Griendsteindl

In einem echten Wiener Kaffeehaus schlemmen.

Caffè Delia's

Einen Kaffee oder einen Aperitif unter Wienern trinken.

Stilrad

Avantgardistische Fahrräder bewundern.

- **Sehenswürdigkeiten**
- **Shoppen**
- **Essen & Trinken**
- **100% there**

Sehenswürdigkeiten

(3) Das **Kunsthistorische Museum** (1891) wurde extra für die umfangreiche Kunstsammlung der kaiserlichen Familie gebaut. Zu sehen gibt es u. a. die Abteilungen für ägyptische und griechische Kunst sowie die Werke alter Meister wie Brueghel der Ältere, Rembrandt, Vermeer, Raffael und Tizian.
maria-theresien-platz, www.khm.at, telefon: 01 525240, geöffnet: di-so 10.00-18.00, do 10.00-21.00, eintritt: 14 €, u-bahn: museumsquartier

(4) Seinen Anfang nahm das **Naturhistorische Museum** mit der Sammlung des begeisterten Amateurwissenschaftlers und Kaisers Franz Stephan. Hier gibt es wirklich alles: ausgestopfte Tiere, Meteoriten, Fossilien und archäologische Fundstücke. Das wichtigste Ausstellungsstück aber ist die Venus von Willendorf, eine 23.000 Jahre alte und nur elf Zentimeter große Figur, vermutlich ein Fruchtbarkeitssymbol. Außerdem zu sehen: eine spektakuläre Dinosaurierausstellung.
burgring 7, www.nhm-wien.ac.at, telefon: 01 521770, geöffnet: do-mo 9.00-18.30, mi 9.00-21.00, eintritt: 10 €, u-bahn: volkstheater

(5) Die imposante **Hofburg** diente einst als Winterresidenz der Habsburger Kaiser. Ihre berühmteste Bewohnerin war Kaiserin Sisi, aber auch Marie Antoinette wohnte hier, bevor sie Kaiserin von Frankreich wurde. Im Laufe der Jahrhunderte wurde der Komplex immer wieder angebaut, sodass heute Elemente aller möglichen Epochen zu entdecken sind.
hofburg, www.hofburg-wien.at, telefon: 01 5337570, geöffnet: täglich 9.00-17.30, eintritt: 11,50 €, u-bahn: herrengasse

(7) Auch wenn man kein Sisi-Fan ist – ein Besuch des **Sisi Museums** in der Hofburg lohnt sich. Man erfährt viel über das Leben der berühmten Kaiserin: Sisi war eine moderne Frau, die sich nicht in ihrem Palast versteckte. Sie war sozial engagiert und reiselustig, aber auch sehr eitel. So turnte sie täglich diszipliniert und lebte streng nach Diät, um ihren Taillenumfang von 40 Zentimetern zu halten. Nach dem Selbstmord ihres einzigen Sohns wollte Sisi nicht mehr fotografiert werden. Seitdem verbarg sie ihr Gesicht.
hofburg, www.hofburg-wien.at, telefon: 01 5337570, geöffnet: täglich 9.00-17.30, eintritt: 10,50 €, u-bahn: herrengasse

⑤ HOFBURG

⑩ Der Platz, der die **Minoritenkirche** umgibt, ist trotz der Lage inmitten der Stadt eine Oase der Ruhe. Im schlichten Inneren herrscht absolute Stille. 1784 trat Kaiser Joseph II. die aus dem frühen 14. Jahrhundert datierende Kirche an die Italienische Kongregation ab, deren Eigentum sie auch heute noch ist. Blickfang ist die Mosaikreplik von Leonardos *Letztem Abendmahl*. *minoritenplatz 2a, www.minoritenkirche-wien.info, telefon: 0676 6264113, geöffnet: täglich 8.00-18.00, u-bahn: schottentor*

(11) Das **Burgtheater** aus dem Jahr 1888 ist eine der angesehensten Bühnen der deutschsprachigen Theaterwelt – mit rund 360 verschiedenen Vorstellungen pro Jahr! Zum Programm gehören klassische Stücke ebenso wie experimentelles Theater. Das Gebäude im italienischen Renaissancestil wurde im Zweiten Weltkrieg weitgehend zerstört, doch die Fresken der Gebrüder Klimt sowie von Franz von Matsch blieben zum Glück erhalten. 2010 wurde das Theater komplett renoviert.
universitätsring 2, www.burgtheater.at, telefon: 01 514444140, geöffnet: mo-fr 9.00-17.00, führung täglich 14.00 & 15.00, eintritt: 5,50 €, u-bahn: herrengasse

(13) Das **Kunstforum** erkennt man sofort an der goldenen Kugel. Gezeigt werden hier Ausstellungen, nicht nur von vielversprechenden jungen Talenten, sondern auch von modernen Klassikern wie Magritte, Chagall und Frida Kahlo.
freyung 8, www.bankaustria-kunstforum.at, telefon: 01 5373326, geöffnet: mo-do & sa-so 10.00-19.00, fr 10.00-21.00, eintritt: 10 €, u-bahn: herrengasse

(17) Das **Loos-Haus** aus dem Jahr 1911 ist ein typisches Beispiel für die Arbeit des Architekten Adolf Loos. Die glatte Gebäudefassade brachte dem Haus den Spitznamen "Haus ohne Augenbrauen" ein. Loos musste harsche Kritik einstecken, weil man der Meinung war, das Gebäude aus grünem Marmor und Glas stehe in zu starkem Kontrast zur reich verzierten Hofburg direkt gegenüber. Um diesen Kontrast abzuschwächen, ließ Kaiser Franz Joseph Blumenkästen an der Fassade anbringen. Heute hat eine Bank ihren Sitz im Loos-Haus. In der Eingangshalle informieren Tafeln über die Geschichte des Gebäudes.
michaelerplatz 3, www.adolfloos.at, geöffnet: mo-mi & fr 9.00-15.00, do 9.00-17.30, u-bahn: herrengasse

⑲ Die **Michaelerkirche**, 1221 ursprünglich als romanische Kirche erbaut, wurde immer wieder dem Zeitgeist entsprechend verändert. Im Kircheninneren findet man daher einen Mix aus verschiedenen Baustilen und religiösen Kunstobjekten. Fünf Tage nach Mozarts Tod wurde hier sein (unvollendetes) Requiem uraufgeführt. Die 100 Leichname, die in der Krypta liegen, blieben erstaunlich gut erhalten. Dasselbe gilt für ihre Kleidung – einige der Mumien tragen sogar eine Perücke.
michaelerplatz, www.michaelerkirche.at, telefon: 01 5338000, geöffnet: täglich 7.00-22.00, eintritt: frei, u-bahn: herrengasse

㉓ Als Inspiration für die barocke **Peterskirche** (Bauzeit 1701–1733) diente dem Architekten von Hildebrandt der Petersdom in Rom. Die Kirche ist reich verziert, wirkt jedoch – eingeengt durch die nahen Nachbarhäuser – etwas gedrungen. Jeden Tag um 15 Uhr (an Wochenenden um 20 Uhr) lädt ein kostenloses Orgelkonzert zum Zuhören ein.
petersplatz, www.peterskirche.at, telefon: 01 5336433, geöffnet: mo-fr 7.00-20.00, sa-so 9.00-21.00, eintritt: frei, u-bahn: stephansplatz

㉖ Inmitten des Hohen Marktes befindet sich Wiens berühmteste Uhr: die **Ankeruhr**. Sie gehört zu den imposantesten Jugendstil-Bauwerken der Stadt und entstand 1914 als Verbindungselement zwischen zwei Gebäuden. Errichtet wurde die Spieluhr als Hommage an bedeutende historische Personen wie Karl den Großen, Kaiserin Maria Theresia und Joseph Haydn. Jede Stunde erscheint eine von ihnen in Gestalt einer Kupferfigur unter Begleitung passender Musik. Einmal am Tag, um Punkt 12 Uhr, sieht man sie alle. Wer wann erscheint, wird auf dem großen Plakat an der Wand erläutert.
hoher markt 10, u-bahn: schwedenplatz

㉘ Im Mittelalter lag der Judenplatz im Zentrum der jüdischen Gemeinde. Heute dokumentiert das **Museum Judenplatz** den Alltag der Wiener Juden im Mittelalter und zeigt Ausgrabungen einer Synagoge. Auf dem Platz selbst erinnert ein Mahnmal an die österreichischen Juden, die während der Zeit des Nationalsozialismus ermordet wurden. Das Denkmal wurde 2000 im Beisein seines Initiators Simon Wiesenthal enthüllt und stellt eine Bibliothek mit den Lebensgeschichten der Opfer dar. Die Buchrücken zeigen alle nach innen.
judenplatz 8, www.jmw.at, telefon: 01 5350431, geöffnet: so-do 10.00-18.00, fr 10.00-14.00, eintritt: museum 10 €, u-bahn: stephansplatz

KUNSTFORUM 13

Essen & Trinken

① Bei der bekannten **Kurkonditorei Oberlaa** wird alles noch von Hand gemacht. Die Zutaten sind so pur wie möglich: die beste Schokolade, echte Butter und frische Nüsse. Das Oberlaa betreibt mehrere Geschäfte in der Stadt, aber dieses hat das authentischste Ambiente. Hierher kommen die feinen Wiener Damen, um Sachertorte zu schlemmen.
babenbergerstraße 7, www.oberlaa-wien.at, telefon: 01 58672820, geöffnet: mo-fr 8.00-19.00, sa-so 10.00-19.00, preis: schokotörtchen 3,90 €, u-bahn: museumsquartier

② Das italienische **Pes.co** ist einer der neuen Hotspots der Stadt, ein Lokal mit angenehmem Ambiente, sehr freundlichem Personal und köstlichem Essen. Kein Wunder, dass Italiener auch gerne hierherkommen. Besonderheit: riesige *social pizzas*, die man sich mit Freunden teilt. Und weil Gemeinschaft großgeschrieben wird, gibt es auch *social pastas*, aber natürlich auch andere Haupt- und Nachspeisen. Und im Gegensatz zu vielen Wiener Restaurants sind Kinder willkommen und dürfen beim Pizzabacken mit anpacken – typisch italienisch eben.
babenbergerstraße 5, www.facebook.com/pescowien, telefon: 01 58524392, geöffnet: mo-sa 10.00-1.00, so 10.00-23.00, preis: social pizza 23 €, u-bahn: museumsquartier

⑨ Am monumentalen Michaelerplatz liegt das **Café Griensteidl**, das 1848 von dem ehemaligen Apotheker Heinrich Griensteidl eröffnet wurde und seitdem beliebter Treffpunkt vieler Wiener Schriftsteller wie Hermann Bahr und Arthur Schnitzler war. Als das Café 1897 im Zuge der Umgestaltung des Michaelerplatzes abgerissen wurde, zogen viele Stammgäste in das nahe gelegene Café Central. Nach der Wiedereröffnung im Jahr 1990 wurde es schnell wieder zum Lieblingscafé vieler Wiener.
michaelerplatz 2, www.cafegriensteidl.at, telefon: 01 53526920, geöffnet: täglich 8.00-23.30, preis: melange 2,90 €, u-bahn: herrengasse

FREYUNG 4 ⑫

⑫ In einem etwas versteckt gelegenen Hof beim Palais Kinsky befindet sich das **Freyung 4**, in dessen stilvollem Ambiente mit Rosa-, Rot- und Blautönen man gut essen kann. Im Sommer ist die Terrasse sehr beliebt, vor allem bei Geschäftsleuten, die mittags zum Essen herkommen. Tipp: Besuchen Sie unbedingt auch das Palais Kinsky.

freyung 4, www.freyung4.at, telefon: 01 5353435, geöffnet: mo-sa 8.00-2.00, preis: mittagessen 9,90 €

㉔ CAFFÈ DELIA'S

⑭ Die schicke Ferstelpassage beherbergt ein echt französisches Bistro: **Beaulieu**. Und tatsächlich fühlt man sich hier wie in Paris. Die Quiches Salate und verschiedenen Käsesorten sind köstlich und neben anderen französischen Delikatessen zum Teil im hauseigenen Laden erhältlich. Am Sonntag kann man auch brunchen.
herrengasse 14 (ferstelpassage), www.beaulieu-wien.at, telefon: 01 5321103, geöffnet: mo-sa 10.00-23.00, so 10.00-18.00, preis: mittagessen 11 €, u-bahn: schottentor

(15) Das **Café Central** ist noch immer das allerschönste Kaffeehaus der Stadt, auch wenn heute beinahe ausschließlich Touristen hier aufkreuzen. Zahlreiche Berühmtheiten bestellten seit der Eröffnung im Jahr 1876 ihren Kaffee: Kafka, Loos, Trotzki und Freud, aber auch Stalin und Hitler. Für die Gäste gibt es Zeitungen in 22 Sprachen. Die vielen leckeren Gebäcksorten werden in einer großen Vitrine präsentiert, und auf der Karte stehen Gerichte für den kleinen und großen Hunger. Jeden Abend sorgt ein Pianist für Hintergrundmusik.
herrengasse ecke strauchgasse, www.ferstel.at, telefon: 01 533376324, geöffnet: mo-sa 7.30-22.00, so 10.00-22.00, preis: melange 3,20 €, u-bahn: herrengasse

(24) Das **Caffè Delia's** ist ein beliebter Treffpunkt und fast immer voll mit Menschen, die einen Kaffee oder einen Schnaps trinken oder einfache Panini genießen. Nicht auszuschließen, dass die Beliebtheit auch daher rührt, dass das Delia's eines der wenigen Wiener Lokale ist, in denen noch geraucht werden darf. Bei schönem Wetter lädt die große Terrasse mit den riesigen Sonnenschirmen zum Verweilen ein, und wenn es kühl wird, nehmen Sie sich einfach eine wärmende Decke.
tuchlauben 8, www.caffedelias.com, telefon: 1699 19692001, geöffnet: mo-sa 8.00-0.00, so 10.00-0.00, preis: melange 3,80 €, u-bahn: stephansplatz

(29) Das Café **Zum Schwarzen Kameel** gibt es schon seit fast 400 Jahren! In einem zauberhaften Jugendstilsaal verwöhnen Ober mit Zwirbelbart die Gäste mit himmlischen Köstlichkeiten. Nicht preiswert, aber den schicken Wienern ist das egal. Vorn an der Bar trinkt man ein gutes Glas Weißwein und bestellt aus der Vitrine kunstvoll belegte Brötchen. Probieren sollte man unbedingt die Variante mit Schinken und frisch geraspeltem Meerrettich.
bognergasse 5, www.kameel.at, telefon: 01 533812511, geöffnet: mo-sa 9.00-0.00, preis: belegtes brötchen 3 €, u-bahn: stephansplatz

(30) Die Wiener Prominenz trifft sich gern bei **Fabios**. Das elegante, stimmungsvolle Restaurant eignet sich bestens für einen ganz besonderen Abend, aber vergessen Sie nicht zu reservieren. Das Essen ist top, dafür sorgt der Chefkoch Joachim Gradwohl. Seit dem Umbau im Jahr 2013 kann man hier auch ausgezeichnet frühstücken.
tuchlauben 4-6, www.fabios.at, telefon: 01 5322222, geöffnet: mo-sa 9.00-1.00, preis: filetto di manzo 29,50 €, u-bahn: stephansplatz

Shoppen

⑯ Die Bonbons, die es in der **Zuckerlwerkstatt** gibt, bestehen allesamt aus natürlichen Zutaten und sind handgefertigt. Angeboten werden die kleinen Kunstwerke in niedlichen Tütchen oder Gläsern. Es gibt auch welche mit der Aufschrift "I love Vienna" oder mit dem Prater-Riesenrad als Motiv. Außerdem kann man auch selbst entworfene Bonbons zu freudigen Anlässen wie Geburt oder Hochzeit bestellen.
herrengasse 6-8, www.zuckerlwerkstatt.at, telefon: 01 8909056, geöffnet: mo-sa 10.00-18.00, u-bahn: herrengasse

⑱ Selbst im trendbewussten Wien ist die traditionelle Trachtenkleidung noch nicht ganz aus dem Stadtbild verschwunden. Vor allem Dirndl und Lederhosen werden noch mit Stolz getragen, bevorzugt auf Partys der High Society. Das Familienunternehmen **Loden-Plankl** ist dann auch eines der bekanntesten Fachgeschäfte für Trachtenkleidung. Seit 1830 werden in dieser ehemaligen Bierbrauerei edle Lodenjanker und traditionelle Walkjacken verkauft. Dass das Unternehmen im Laufe der Jahre mehrmals buchstäblich aus allen Nähten geplatzt ist, sieht man an den zwei verschiedenen Eingängen und den vielen (Wendel-)Treppen.
michaelerplatz 6, www.loden-plankl.at, telefon: 01 5338032, geöffnet: mo-sa 10.00-18.00, u-bahn: herrengasse

㉑ In den Verkaufsräumen der **Hofzuckerbäckerei Demel**, seinerzeit Hoflieferant der Habsburger Monarchie, sieht es aus wie in einem märchenhaften Palast. Die Decke ist mit Blattgold verziert und überall hängen Spiegel und glänzende Dekorationen. Hier kauft man kleine Kunstwerke aus Fondant, Schokolade und Marzipan. Im hinteren Teil des Geschäfts kann man durch eine Glaswand den Zuckerbäckern bei der Arbeit zuschauen.
kohlmarkt 14, www.demel.at, telefon: 01 5351717, geöffnet: täglich 9.00-19.00, u-bahn: herrengasse

ZUCKERLWERKSTATT ⑯

(22) Das Delikatessengeschäft **Julius Meinl** ist seit Generationen ein Begriff unter Wiener Genießern. Auf zwei Etagen findet man alles, was die Welt an kulinarischem Luxus zu bieten hat. So gibt es Kaviar aus dem Iran und Trüffelpolenta aus dem Piemont. Im gleichen Gebäude befinden sich auch ein Laden, ein Restaurant, ein Café, eine Sushibar und eine Weinbar.
graben 19, www.meinlamgraben.at, telefon: 01 5323334, geöffnet: mo-fr 8.00-19.30, sa 9.00-18.00, u-bahn: stephansplatz

(25) Im **Stenders** duftet es so verlockend, dass man am liebsten alles kaufen möchte. Die Seifen sind aus Sahne und Lavendel hergestellt, das Massageöl aus Trauben, die Badekugeln enthalten Kornblumen und der Badezusatz 24-Karat-Gold. Das alles dient nur einem Zweck: Ihnen etwas Gutes zu tun und Ihren Körper zu verwöhnen. Übrigens: Auch für Männer gibt es spezielle Produkte.
tuchlauben 22, www.stendersshop.de, telefon: 01 9462512, geöffnet: mo-sa 10.00-19.00, u-bahn: schwedenplatz

(27) Gegenüber dem Kino Artis liegt **Stilrad**, ein fantastischer Laden, der avantgardistische Fahrräder und jede Menge Zubehör anbietet. Neben speziellen Fahrradjeans mit reflektierenden Hosenbeinen verkaufen der freundliche Inhaber und seine Geschäftspartnerin Eva Blut schöne und ausgefallene Helme und Designerfahrradtaschen mit multifunktionellen Befestigungen für Gepäckträger und Lenkrad.
jordangasse 3, www.stilrad.at & www.evablut.at, telefon: 01 8906560, geöffnet: di-fr 11.00-19.00, sa 11.00-18.00, u-bahn: schwedenplatz

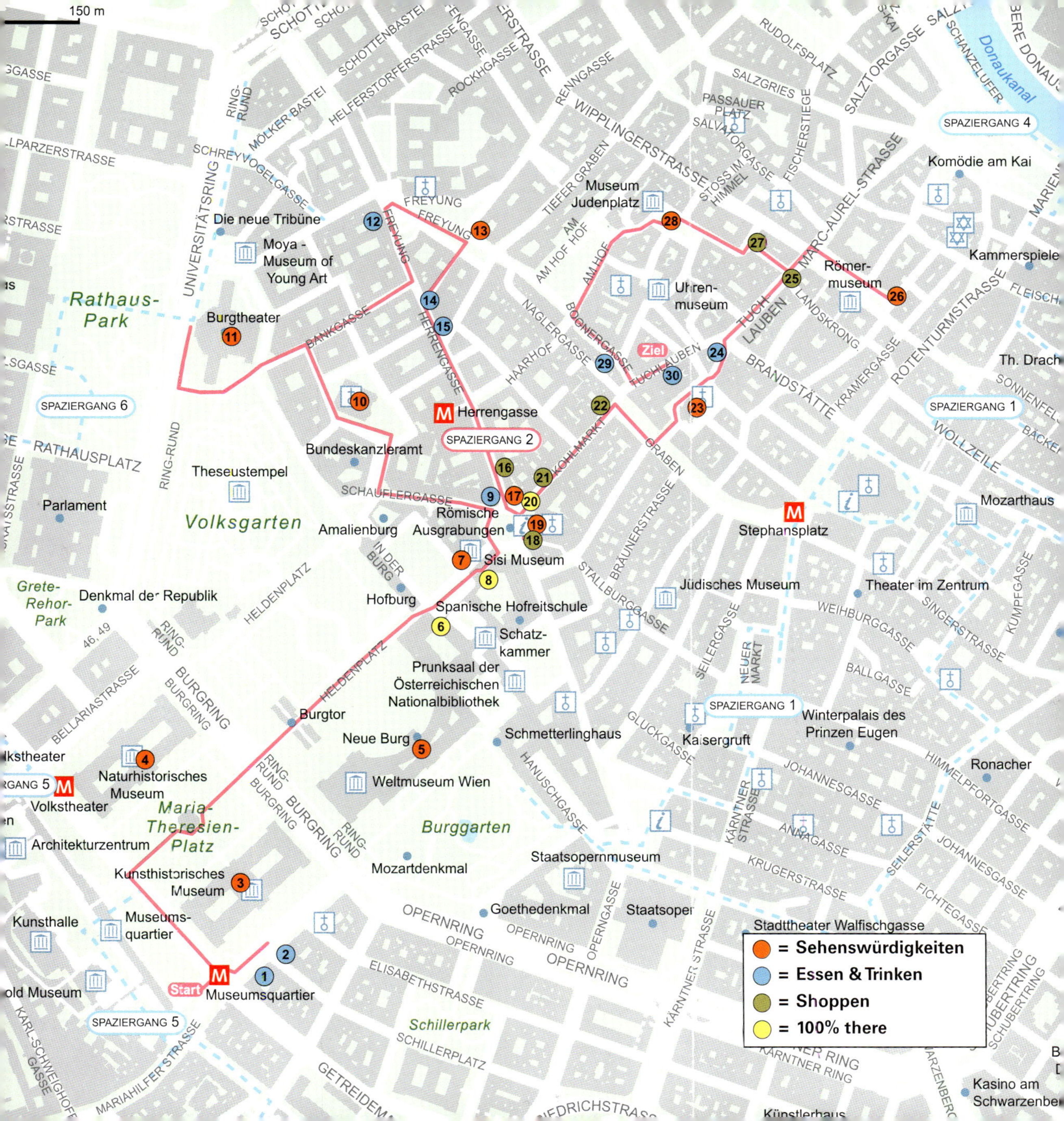
150 m
Rathaus-Park
Volksgarten
Burggarten
Maria-Theresien-Platz
Grete-Rehor-Park
Schillerpark
Donaukanal
Die neue Tribüne
Moya - Museum of Young Art
Burgtheater
Bundeskanzleramt
Theseustempel
Parlament
Amalienburg
Römische Ausgrabungen
Sisi Museum
Hofburg
Spanische Hofreitschule
Schatzkammer
Prunksaal der Österreichischen Nationalbibliothek
Denkmal der Republik
Burgtor
Neue Burg
Schmetterlinghaus
Naturhistorisches Museum
Volkstheater
Weltmuseum Wien
Architekturzentrum
Kunsthistorisches Museum
Mozartdenkmal
Staatsopernmuseum
Kunsthalle
Museumsquartier
Goethedenkmal
Staatsoper
Start
Museumsquartier
Herrengasse
Museum Judenplatz
Uhrenmuseum
Ziel
Römermuseum
Komödie am Kai
Kammerspiele
Th. Drach
Mozarthaus
Stephansplatz
Jüdisches Museum
Theater im Zentrum
Kaisergruft
Winterpalais des Prinzen Eugen
Ronacher
Stadttheater Walfischgasse
Kasino am Schwarzenberg
Künstlerhaus
SPAZIERGANG 1
SPAZIERGANG 2
SPAZIERGANG 4
SPAZIERGANG 5
SPAZIERGANG 6
= Sehenswürdigkeiten
= Essen & Trinken
= Shoppen
= 100% there

3

geworden und somit auch teurer, aber das scheint die Wiener nicht wirklich zu stören: Was zählt, ist Qualität. Samstags kann man auf dem Flohmarkt in Trödel stöbern oder auf dem Bauernmarkt allerlei Erzeugnisse aus dem Umland kaufen.

Nicht weit entfernt liegt der Karlsplatz. Einst war dies ein monumentaler Platz, der jedoch im Zweiten Weltkrieg weitgehend zerstört und danach ziemlich unstrukturiert wiederaufgebaut wurde. An diesem Platz liegen unter anderem die prachtvolle barocke Karlskirche sowie das Wien Museum, das einen guten Einblick in die Stadtgeschichte gibt. Ab Mitte November bis zum 24. Dezember verwandelt sich der Platz in einen großen romantischen Weihnachtsmarkt. Märchenhaft ist dann auch die beleuchtete Karlskirche.

Ganz in der Nähe des Karlsplatzes befindet sich der Musikverein – für viele der beste Konzertsaal der Welt. Hier findet jedes Jahr das traditionelle Neujahrskonzert statt, das in viele Länder live übertragen wird.

6 Insider-Tipps

Naschmarkt

Kulinarisches auf dem größten Markt Wiens probieren.

Fabelwelt

In Kinderbüchern aus aller Welt schmökern.

Musikverein

Karten für ein Konzert der Wiener Philharmoniker ergattern.

Radlager

Zwischen Retro-Rädern Kaffee und Kuchen genießen.

Secessionsgebäude

In dem Gebäude mit der goldenen Kugel Kunst ansehen.

Cha-No-Ma

In einem japanischen Teehaus zur Ruhe kommen.

- **Sehenswürdigkeiten**
- **Shoppen**
- **Essen & Trinken**
- **100% there**

Sehenswürdigkeiten

③ Wer in die Geschichte Wiens eintauchen möchte, der sollte das **Wien Museum** besuchen, denn hier erfährt man alles über die Historie der Stadt. Zu sehen gibt es Gemälde, archäologische Funde, Modelle der Stadt, Fotos, die Originale der Buntglasfenster aus dem Stephansdom und einen Nachbau des Wohnzimmers des Architekten Adolf Loos.
karlsplatz 8, www.wienmuseum.at, telefon: 01 50587470, geöffnet: di-so 10.00-18.00, eintritt: 8 €, erster so im monat frei, u-bahn: karlsplatz

④ 1713 wurde Wien von der Pest heimgesucht. Kaiser Karl VI. legte in seiner Verzweiflung das Versprechen ab, eine Kirche zu bauen, sobald die Epidemie vorbei sei. Es dauerte aber noch fast 25 Jahre, bis die wundervolle barocke **Karlskirche** fertiggestellt war. Tribut an die Klassik: Die beiden Säulen an der Vorderseite sind der römischen Trajanssäule nachempfunden. Das Portal dagegen hat die Form eines griechischen Tempels. Die 74 Meter hohe Kuppel ist mit Fresken von Johann Michael Rottmayr verziert. Eine gute Idee: Ein gläserner Aufzug bringt die Besucher nach oben, damit sie die Deckenmalereien aus der Nähe betrachten können.
karlsplatz, www.karlskirche.at, telefon: 01 504618, geöffnet: mo-sa 9.00-12.30 & 13.00-18.00, so 12.00-17.45, eintritt: 8 €, u-bahn: karlsplatz

⑤ Die beiden **Karlsplatz-Pavillons** aus dem Jahr 1898 wurden vom Jugendstilarchitekten Otto Wagner entworfen. Die identischen Gebäude sind mit Marmor und Gold geschmückt und mit Sonnenblumen- und Pflanzenmotiven verziert. Einer der beiden Pavillons dient als Café, der andere beherbergt ein Dokumentationszentrum über Otto Wagner.
karlsplatz, www.wienmuseum.at, telefon: 01 50587470, geöffnet: apr.-okt. di-so 10.00-18.00, eintritt: 3 €, erster so im monat frei, u-bahn: karlsplatz

⑦ Das **Secessionsgebäude** markiert den Höhepunkt der Wiener Secession, der Wiener Variante des Jugendstils. Benannt wurde die Stilrichtung nach der gleichnamigen Vereinigung, die Ende des 19. Jahrhunderts von Künstlern wie Moser, Hoffmann und Klimt gegründet wurde, um sich von den eher traditionellen Kunstauffassungen ihrer Zeit abzugrenzen. Hier, in dem Ausstellungshaus der Gruppe, ist neben verschiedenen Ausstellungen ein fast nüchtern wirkender Saal mit Wandmalereien von Klimt zu sehen.
friedrichstraße 12, www.secession.at, telefon: 01 5875307, geöffnet: di-so 10.00-18.00, eintritt: 9 €, u-bahn: karlsplatz

㉕ Die Linke Wienzeile säumen viele prachtvolle Gebäude, aber die schönsten sind die beiden Jugendstilhäuser von Otto Wagner aus dem Jahr 1898. Das **Majolikahaus** mit der Hausnummer 40 ist mit Blumenmotiven, glasierten Fliesen und kleinen Balkonen verziert. Das Gebäude mit der Nummer 38 dagegen ist wegen seiner spektakulären abgerundeten Eckbebauung berühmt. Die weiße Fassade ist zudem mit goldenen Ornamenten geschmückt, und auf dem Dach stehen Statuen rufender Frauen.
linke wienzeile 38 und 40, u-bahn: kettenbrückengasse

WIEN MUSEUM ③

Essen & Trinken

⑥ Das angesagte **Café Heuer** gehört zum Project Space. Hierher kommen Ausstellungsbesucher, Studenten und Touristen. Bei gutem Wetter sitzt man mitten auf dem Karlsplatz mit Blick auf die Karlskirche. Jeden Abend legt ein DJ auf.
treitlstraße 2, www.heuer-amkarlsplatz.com, telefon: 01 5870073, geöffnet: täglich 10.00-2.00, preis: glas prosecco 3,50 €, u-bahn: karlsplatz

⑧ Die Gebrüder **Umar** betreiben auf dem Naschmarkt einen Fischstand, der für seine vielen verschiedenen Fischsorten berühmt ist. Das Prinzip ist ganz einfach: Man tritt an die mit Eis gefüllte Wanne voller Fische und deutet auf das Exemplar, das man gerne haben möchte. Dann nimmt man den Fisch entweder mit nach Hause oder lässt ihn direkt vor Ort zubereiten: In dem kleinen, einfachen Imbisslokal gleich nebenan kann man sich den Fisch direkt in der Pfanne brutzeln lassen.
naschmarkt stand 38-39, www.umarfisch.at, telefon: 01 5852177, geöffnet: mo-sa 11.00-23.00, preis: mittagessen 14 €, u-bahn: karlsplatz

⑩ Mitten im Freihausviertel gibt es das kleine japanische Teehaus **Cha-No-Ma**. Natürlich kann man hier ganz traditionell einen grünen Tee trinken, der Renner jedoch ist der *matcha latte*. Probieren Sie auch die leckeren süßen Köstlichkeiten. Sie möchten sich mit Tee eindecken? Das können Sie im Teehaus oder auch im japanischen Supermarkt nebenan.
faulmanngasse 7, www.chanoma.at, telefon: 01 5879406, geöffnet: mo-sa 10:00-18:00, preis: grüner tee 4 €, u-bahn: kettenbrückengasse

⑪ Nicht nur die Frozen Yoghurts von **Foxy** sind ein Traum, die Einrichtung ist es ebenfalls. Die Wände des kleinen Eiscafés sind mit roten und lilafarbenen Punkten versehen, auf den Tischen stehen immer frische Blumen und die Fensterbank ist mit bunten Kissen ausgestattet. Einziger Wermutstropfen: Das bunt-fröhliche Foxy ist im Winter geschlossen.
faulmangasse 1, www.foxyfrozenyoghurt.at, geöffnet: mai-sept. täglich 11:30-21:00, märz-apr. & okt. 11:30-19:00, preis: ab 3 €, u-bahn: Karlsplatz

CHA-NO-MA ⑩

⑫ Um dem **Radlager** einen Besuch abzustatten, muss man nicht unbedingt ein Fan von Retro-Drahteseln sein. Denn italienischen Kaffee trinken und hausgemachte Quiches essen kann man in dem Fahrradgeschäft ebenfalls. Im hinteren Bereich des Cafés gibt es die tollen alten Räder, die in einer Werkstatt hinter der Küche für ein zweites Leben fit gemacht werden. *operngasse 28, www.radlager.at, geöffnet: mo-mi 8:00-20:00, do-so 8:00-0:00, preis: melange 3 €, u-bahn: karlsplatz*

⑫ RADLAGER

⑬ Im **Süssi** scheint die Zeit stehengeblieben zu sein. Der entzückende kleine Teesalon ist im wahrsten Sinne des Wortes einfach süß. Naschkatzen werden sich hier zwischen all den französischen Leckereien, Törtchen und Schokoladenpralinen wie im siebten Himmel fühlen. Bestellen Sie sich einen Kaffee oder Tee – am besten einen *high tea* – dazu und lassen Sie sich im kuscheligen Teesalon in einem Meer von Kitsch aus Kaisers Zeiten nieder. *operngasse 30, www.suessi.at, telefon: 0699 12590464, geöffnet: di-sa 11.00-21.00, so-mo 13.00-21.00, preis: high tea 17,50 €, u-bahn: karlsplatz*

(17) In der **Paninoteca** schmecken die Panini wie in Italien. In diesem einfachen, aber geschmackvoll eingerichteten Laden gibt es Sandwiches, dazu echten italienischen Kaffee oder Bionade – alles auch zum Mitnehmen.
margaretenstraße 22, www.paninoteca.at, telefon: 0681 20616403, geöffnet: mo-fr 10.00-16.00, preis: panino 4,60 €, u-bahn: kettenbrückengasse

(18) In dem winzig kleinen Frühstückscafé **The Breakfast Club** sind die Produkte biologisch und alles wird vor den Augen der Gäste frisch zubereitet. Zu empfehlen: das Wiener Frühstück mit frischem Obst, Ei, Brot und Kaffee. Man braucht etwas Glück, um einen Platz zu ergattern, denn meist ist es sehr voll.
schleifmühlgasse 12-14, www.thebreakfastclub.at, telefon: 01 5812692, geöffnet: mo-fr 8.00-14.00, sa-so 8.00-15.00, preis: frühstück ab 3,50 €, u-bahn: kettenbrückengasse

(22) Türkisches Frühstück am Morgen, einen Caffè Latte am Nachmittag, ein Bier oder einen Cocktail am Abend ... das beliebte **Naschmarkt Deli** ist zu jeder Tageszeit einen Besuch wert. Jeden Abend legt ein DJ auf oder es gibt Live-Auftritte. Zu voll? Versuchen Sie es eine Tür weiter im Orient Occident.
naschmarkt stand 421-436, www.naschmarkt-deli.at, telefon: 01 5850823, geöffnet: mo-sa 7.00-0.00, preis: türkisches frühstück 7,10 €, u-bahn: kettenbrückengasse

(23) Am Naschmarkt gibt es viele Speiselokale, in denen man gut essen kann. Besonders empfehlenswert ist das gemütliche **Neni**. Es ist das einzige Restaurant mit zwei Etagen, und die Einrichtung erinnert an eine trendy Strandbar. Unbedingt probieren: Thunfischfalafel mit Salat oder Lammfleisch mit karamellisierten Süßkartoffeln. Bei schönem Wetter öffnet die Terrasse auf dem Steg.
naschmarkt 510, www.neni.at, telefon: 01 5852020, geöffnet: mo-sa 8.00-0.00, preis: thunfischfalafel 9 €, u-bahn: kettenbrückengasse

(24) Das **Café Drechsler** ist eine Wiener Institution. Ob nach dem Clubbesuch am frühen Morgen oder am späten Nachmittag, man ist (fast) immer willkommen. Das Nachtcafé schließt von Dienstag bis Samstag nur zwischen 2 und 3 Uhr, sonst kann man ein Bier trinken, frühstücken oder österreichisch essen.
linke wienzeile 22, www.cafedrechsler.at, telefon: 01 5812044, geöffnet: mo 8.00-2.00, di-sa 3.00-2.00, so 3.00-0.00, preis: melange 3,50 €, u-bahn: kettenbrückengasse

17

24

11

(29) Hinter dem Namen dieses schicken Bar-Restaurants verbirgt sich eine witzige Anekdote: Da sein bester Freund ihn stets als zweitbesten Freund bezeichnete, beschloss der Inhaber, sein Lokal Zweitbester zu nennen. Dass das **Zweitbester** mit seiner besonderen Bar, der freundlichen Bedienung und dem köstlichen Essen zu Recht zu einem kulinarischen Höhepunkt des Freihausviertels avanciert ist, davon sollten Sie sich selbst überzeugen. Abends trifft man sich auch gern auf einen Drink.
heumühlgasse 2, www.zweitbester.at, telefon: 01 9459386, geöffnet: täglich 11:00-2:00 (küche bis 23:00), preis: risotto 9 €, u-bahn: kettenbrückengasse

(31) Das **Aromat** ist eine kleine französische Crêperie mit Hockern und Holztischen. In gemütlicher Wohnzimmeratmosphäre isst man Crêpes (süß) oder Galettes (herzhaft), von denen die verschiedensten Sorten auf der Karte stehen; die Küche erfüllt aber auch gerne Sonderwünsche. Bei schönem Wetter trifft man sich auf der kleinen Terrasse.
margaretenstraße 52, www.arom.at, telefon: 01 913 24 53, geöffnet: di-so 17.00-23.00, preis: crêpe 8 €, u-bahn: kettenbrückengasse

(35) Im gemütlichen **Schlossquadrat** gibt es gleich vier Cafés und Restaurants. Im Café Cuadro kann man frühstücken, Hamburger essen oder Cocktails trinken. Das Restaurant Margareta backt die besten Pizzen Wiens. Der Silberwirt ist ein österreichisches Beisl (Wirtshaus), in dem Schnitzel und Palatschinken (Crêpes) serviert werden. Und wer lieber ein Steak möchte, der geht ins Gergely's. Im Sommer kann man überall im Innenhof im Freien essen.
margaretenstraße 77, www.schlossquadr.at, telefon: 01 5447550, geöffnet: margareta & silberwirt täglich 12.00-0.00, cuadro mo-sa 8.00-0.00, so 9.00-23.00, gergely's di-sa 18.00-1.00, preis: ab 8 €, u-bahn: pilgramgasse

Shoppen

(2) Die Flügel von **Bösendorfer** werden noch voll und ganz von Hand gefertigt. Es dauert mindestens ein Jahr, bis ein solches Prachtstück fertig ist. Neben vielen klassischen Konzertpianisten (wie Valentina Lisitsa oder Alexander Schimpf) schwören auch Tori Amos, Peter Gabriel und Elvis Costello auf diese Edel-Pianos.
bösendorferstraße 12, www.boesendorfer.com, telefon: 01 5046651310, geöffnet: mo-fr 9.00-18.00, u-bahn: karlsplatz

(14) Ladenbesitzer Niki von **Little Joe's Gang** ist ständig auf der Suche nach neuen Vintagestücken. Die Ergebnisse seiner "Beutezüge" verkauft er in seinem kleinen Laden, der bei den Künstlern aus der Nachbarschaft sehr beliebt ist. Sie erstehen bei Niki zum Beispiel alte Chanel-Sonnenbrillen oder ein Paar Dandyschuhe.
operngasse 34, telefon: 01 9667534, geöffnet: mo-fr 14.00-18.00, sa 12.00-17.00, u-bahn: karlsplatz

(15) Auch für manche Erwachsene immer wieder ein Erlebnis: der stilvoll eingerichtete Kinderbuchladen **Fabelwelt**. Mit 1000 Büchern in nicht weniger als 16 Sprachen sind die schönen Holzregale bestückt. Es gibt sogar eine kleine Sitzecke, in die man sich mit Tee, Kaffee und hausgemachtem Kuchen sowie einem Buch zurückziehen kann.
schleifmühlgasse 6-8, www.kinderbuecher-fabelwelt.com, telefon: 01 9552180, geöffnet: mo-di & do-fr 11:30-18:00, sa 10.30-15.00, u-bahn: karlsplatz

(16) Die Objekte im **Gabarage** stammen von jungen Designern und bestehen aus recyceltem Material – *upcycling* nennt man das hier. In der Werkstatt hinter dem Geschäft werden die Objekte von 25 ehemaligen Drogenabhängigen hergestellt, die auf diese Weise wieder ins Arbeitsleben integriert werden sollen. Hier finden Sie so ausgefallene Objekte wie Stühle aus umgebauten Mülltonnen und Pendelleuchten aus ehemaligen Fahrradschläuchen.
schleifmühlgasse 6, www.gabarage.at, telefon: 01 5857632, geöffnet: mo-do 10.00-18.00, fr 10.00-19.00, sa 10.00-17.00, u-bahn: karlsplatz

(19) Das **Flo** ist weltberühmt unter Fans der Vintage-Haute-Couture. Große Namen wie Stella McCartney und Marc Jacobs ließen sich hier inspirieren. Die Inhaberin hat ein Näschen für Retro-Kleidung, sogar Auktionen klappert sie dafür ab. Wer ein Chanelkleid aus dem Jahr 1960 oder einen Armani-Anzug aus den 80ern sucht, der ist hier an der richtigen Adresse.
schleifmühlgasse 15a, www.vintageflo.com, telefon: 01 5860773, geöffnet: mo-fr 10.00-18.30, sa 10.00-15.30, u-bahn: kettenbrückengasse

(20) Das **Babette's** ist ein ausgefallenes Kochbuchgeschäft. Hier findet man nicht nur englische und deutsche Kochbücher, sondern auch die passenden Gewürze dazu. Jeden Tag kocht die Besitzerin eine Mahlzeit für die Besucher.
schleifmühlgasse 17, www.babettes.at, telefon: 01 5855165, geöffnet: mo-fr 10.00-19.00, sa 10.00-17.00, u-bahn: kettenbrückengasse

㉘ NÄHEREI APFEL

㉑ Die Wiener Kaffeekultur ist einmalig: Nirgendwo auf der Welt werden so viel verschiedene Kaffeevarianten serviert wie hier. Ob Brauner, Melange oder Cappuccino, der Geschmack wird letztendlich von der Kaffeesorte bestimmt. Bei **Alt Wien Kaffee** findet man über 30 Sorten aus aller Welt, entweder als Bohnen oder auf Wunsch auch frisch gemahlen.
schleifmühlgasse 23, www.altwien.at, telefon: 01 5050800, geöffnet: mo-fr 10:00-18:00, sa 10:00-16:00 (im sommer bis 14:00), u-bahn: kettenbrückengasse

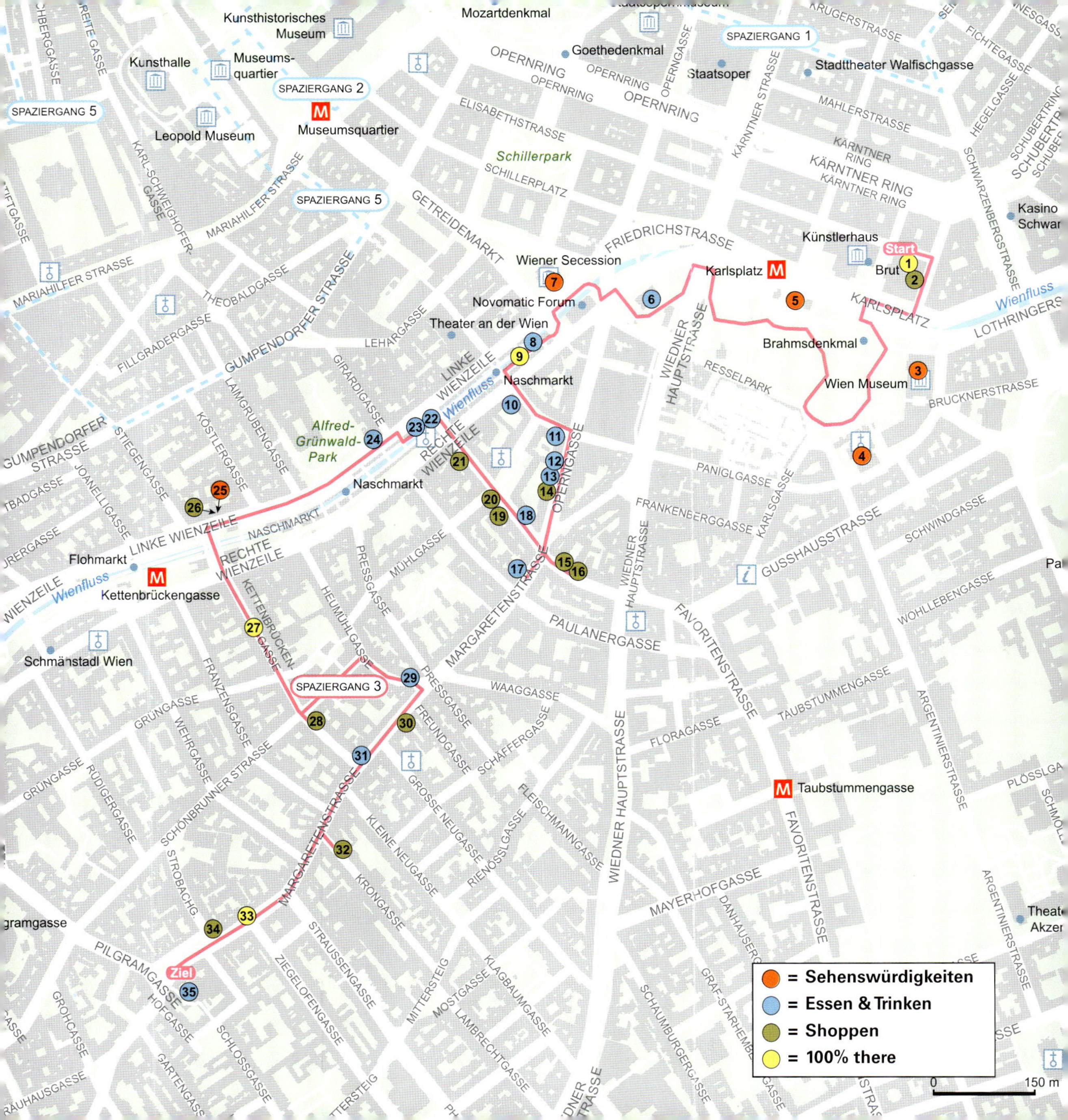

Kunsthistorisches Museum
Mozartdenkmal
Kunsthalle
Museums-quartier
SPAZIERGANG 2
SPAZIERGANG 5
Leopold Museum
Museumsquartier
SPAZIERGANG 1
Goethedenkmal
Staatsoper
Stadttheater Walfischgasse
OPERNRING
ELISABETHSTRASSE
MAHLERSTRASSE
KÄRNTNER STRASSE
KÄRNTNER RING
Schillerpark
SCHILLERPLATZ
GETREIDEMARKT
MARIAHILFER STRASSE
KARL-SCHWEIGHOFER-GASSE
FRIEDRICHSTRASSE
Künstlerhaus
Kasino Schwar
Start
Brut
Wiener Secession
Karlsplatz
Novomatic Forum
Theater an der Wien
THEOBALDGASSE
GUMPENDORFER STRASSE
FILLGRADERGASSE
LEHARGASSE
LINKE WIENZEILE
Wienfluss
Naschmarkt
KARLSPLATZ
LOTHRINGERSTRASSE
Brahmsdenkmal
RESSELPARK
Wien Museum
BRUCKNERSTRASSE
WIEDNER HAUPTSTRASSE
SCHWARZENBERGSTRASSE
Alfred-Grünwald-Park
GIRARDIGASSE
LAIMGRUBENGASSE
KÖSTLERGASSE
STIEGENGASSE
JOANELLIGASSE
RECHTE WIENZEILE
OPERNGASSE
PANIGLGASSE
FRANKENBERGGASSE
KARLSGASSE
GUSSHAUSSTRASSE
SCHWINDGASSE
NASCHMARKT
Flohmarkt
Kettenbrückengasse
MÜHLGASSE
PRESSGASSE
MARGARETENSTRASSE
KETTENBRÜCKENGASSE
HEUMÜHLGASSE
PAULANERGASSE
FAVORITENSTRASSE
WOHLLEBENGASSE
Schmähstadl Wien
FRANZENSGASSE
SPAZIERGANG 3
WAAGGASSE
FREUNDGASSE
GRÜNGASSE
WEHRGASSE
SCHÖNBRUNNER STRASSE
SCHÄFFERGASSE
FLORAGASSE
TAUBSTUMMENGASSE
ARGENTINIERSTRASSE
RÜDIGERGASSE
GROSSE NEUGASSE
KLEINE NEUGASSE
FLEISCHMANNGASSE
RIENÖSSLGASSE
Taubstummengasse
STROBACHGASSE
KRONGASSE
MAYERHOFGASSE
DANHAUSERGASSE
Pilgramgasse
PILGRAMGASSE
Ziel
STRAUSSENGASSE
ZIEGELOFENGASSE
MITTERSTEIG
MOSTGASSE
KLAGBAUMGASSE
LAMBRECHTGASSE
SCHAUMBURGERGASSE
GRAF-STARHEMBERG-GASSE
HOFGASSE
SCHLOSSGASSE
GROHGASSE
GARTENGASSE
Theater Akzent
1 2 3 4 5 6 7 8 9 10 11 12 13 14 15 16 17 18 19 20 21 22 23 24 25 26 27 28 29 30 31 32 33 34 35
= Sehenswürdigkeiten
= Essen & Trinken
= Shoppen
= 100% there
0 150 m

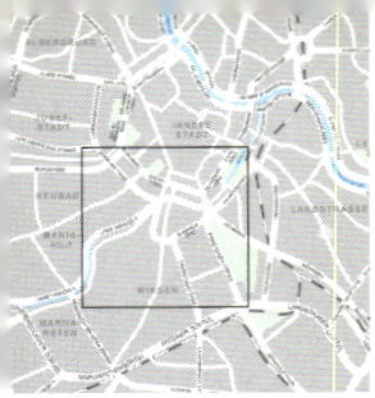

1. Musikverein
2. Bösendorfer
3. Wien Museum
4. Karlskirche
5. Karlsplatz-Pavillons
6. Café Heuer
7. Secessionsgebäude
8. Umar
9. Naschmarkt
10. Cha-No-Ma
11. Foxy
12. Radlager
13. Süssi
14. Little Joe's Gang
15. Fabelwelt
16. Gabarage
17. Paninoteca
18. The Breakfast Club
19. Flo
20. Babette's
21. Alt Wien Kaffee
22. Naschmarkt Deli
23. Neni
24. Café Drechsler
25. Majolikahaus
26. Der kleine Salon
27. Kettenbrückengasse
28. Näherei Apfel
29. Zweitbester
30. Elfenkleid
31. Aromat
32. Feine Dinge
33. Filmcasino
34. Le Miroir
35. Schlossquadrat

Alsergrund & Karmeliter

Schick, pulsierend und voller Überraschungen

Alsergrund ist das Universitätsviertel Wiens. Hier liegt nicht nur das beeindruckende Uni-Hauptgebäude, sondern auch der mit Leben erfüllte Campus. Viele der fast 100.000 Studenten der Universität Wien wohnen hier oder kommen oft hierher. Sie verleihen dem herrschaftlichen Viertel ein jung-dynamisches Flair. Mitten in Alsergrund liegt umgeben von einem großen Park das Palais Liechtenstein. Die barocke Sommerresidenz des Fürstenhauses Liechtenstein beherbergt ein Museum mit Werken alter flämischer und niederländischer Meister. Das Museum ist im Rahmen von Führungen geöffnet, sonst wird es für Veranstaltungen und Feste genutzt. Die Gebäude und Straßen rings um das Schloss und seinen Garten hinterlassen einen äußerst vornehmen Eindruck.

Alsergrund wird an einer Seite vom Donaukanal begrenzt, an dessen Ufer im Sommer zahlreiche Buden und Terrassen warten. Der Donaukanal durchfließt die Altstadt von Nordwest nach Südost, wer will, kann im Zentrum an Bord eines Ausflugsbootes gehen und zum Beispiel nach Bratislava fahren.

4

Jenseits des Donaukanals liegt der Karmelitermarkt, eine Gegend, die im schrillen Kontrast zum schicken Alsergrund steht und sich zum neuen Zentrum für Kreative entwickelt hat. Touristen finden nur selten ihren Weg hierher. Der Karmelitermarkt ist heute aber einer der Hotspots Wiens. Er hat noch immer keine offizielle Bezeichnung, denn keiner der Namen, die man sich bisher ausgedacht hat, fand eine Mehrheit im Stadtrat. Bis zum heutigen Tag kennen die Wiener den Markt daher als Karmelitermarkt, obwohl dieser Name auf keinem Stadtplan zu finden ist.

Zwischen den Marktständen gibt es viele nette Lokale und um den Karmelitermarkt herum haben angesagte österreichische Designer ihre Shops. Samstags geht es auf dem Markt besonders lebhaft zu. Dann verkaufen die Erzeuger aus dem Umland Käseprodukte, Wein und Honig und die Wiener strömen in Scharen herbei. Gleich um die Ecke vom Markt liegt der Augarten – ein großer Park, der von zwei Bunkern aus dem Zweiten Weltkrieg überragt wird. Bei schönem Wetter kann man hier herrlich relaxen und die Sonne genießen.

6 Insider-Tipps

Augartenpark

Den weitläufigen Park mit seinen riesigen Bunkern besuchen.

Strandbar Herrmann

Cocktails am Donaukanal-Strand schlürfen.

Anne Morel

Stilvolle Schuhe, Taschen und Schmuckstücke erstehen.

Universitätscampus

Ins turbulente Studentenleben eintauchen.

Mochi

In einem beliebten Japan-Restaurant speisen.

Karmelitermarkt

Exotische Speisen direkt am Marktstand probieren.

- Sehenswürdigkeiten
- Shoppen
- Essen & Trinken
- 100% there

Sehenswürdigkeiten

(1) 1853 verübte ein geistig verwirrter Schneider ein Attentat auf Kaiser Franz Joseph. Der Mordversuch missglückte, und aus Dankbarkeit errichtete man die **Votivkirche**. Die neogotische Kirche mit ihren zwei Türmen wurde zur Ehrengalerie militärischer Helden wie Graf Salm, der die Stadt im 16. Jahrhundert gegen die Türken verteidigte. Er wurde in einem Marmorgrabmal in der Kirche bestattet. Sehenswert sind auch die Fresken und die bunten Bleiglasfenster. Eines der ersten Fenster auf der linken Seite soll an die Schrecken des Zweiten Weltkriegs erinnern.
rooseveltplatz 8, www.votivkirche.at , telefon: 01 4061192 , geöffnet: di-sa 9.00-13.00 & 16.00-18.00, so 9.00-13.00, eintritt: frei, u-bahn: schottentor

(7) In der barocken Sommerresidenz der adeligen Familie Liechtenstein befindet sich heute das **Liechtenstein Museum**. Hier erwarten den Besucher neben einer großen Rubenssammlung auch Werke von Raffael, Rembrandt und Van Ruysdael. Sehenswert sind auch die fantastischen Gärten. Wenn Sie mit Kindern reisen, sollten Sie unbedingt auf dem großen Spielplatz vorbeischauen. Informationen zu Museumsführungen finden Sie auf der Website.
fürstengasse 1, www.palaisliechtenstein.com, telefon: 01 31957670, führungen siehe website, eintritt: ab 20 €, u-bahn: rossauer lände

(11) In dem Haus, in dem der Begründer der Psychoanalyse bis 1938 wohnte, befindet sich heute das **Sigmund Freud Museum**. Zu sehen gibt es Originalmöbel von Freud, wenngleich die berühmte Couch hier leider nicht mehr steht. Ebenfalls ausgestellt sind einige persönliche Gegenstände wie Gehstock und Hut des berühmten Arztes, diese allerdings mittlerweile hinter Glas, denn der Hut wurde schon einmal gestohlen. Zum Glück bekam der Dieb offenbar Gewissensbisse und gab den wertvollen Gegenstand wieder zurück.
berggasse 19, www.freud-museum.at, telefon: 01 3191596, geöffnet: täglich 9.00-18.00, eintritt: 9 €, u-bahn: schottentor

① VOTIVKIRCHE

⑮ Die **Servitenkirche** ist eine Barockkirche wie aus dem Bilderbuch, die seit ihrer Vollendung im Jahr 1677 bis 2009 von den Mönchen der Diener Mariens (Serviten) geleitet wurde. Der Innenraum ist reich geschmückt. Bedeutendstes Kunstwerk ist die Holzstatue Marias mit dem Leichnam Jesu auf dem Schoß (Pieta) – sie stammt aus dem Jahr 1470.
servitenplatz, www.rossau.at, preis: eintritt: frei, u-bahn: rossauer lände

⑲ Otto Wagner vollendete die **Postsparkasse** 1906 im Stil der Wiener Secession, der Wiener Variante des Jugendstils. Er verwendete nüchterne Formen und Materialien wie Stahl und Granit und läutete damit das Zeitalter der modernen Architektur ein. Auch das Mobiliar in der großen Halle mit gläsernem Dach wurde von Wagner entworfen. Auf dem Gebäude stehen zwei beeindruckende Frauenfiguren von Othmar Schimkowitz.
georg-coch-platz 2, telefon: 01 5990533825, geöffnet: mo-fr 9.00-17.00, eintritt: 6 €, u-bahn: schwedenplatz

㉖ Am Karmeliterplatz steht die kleine weiße **Pfarrkirche St. Josef**. Diese Barockkirche ist auch unter dem Namen "ehemalige Karmeliterkirche" bekannt. Früher gehörte sie nämlich zum nahe gelegenen Karmeliterkloster, aber dieses Gebäude wurde schon vor über 100 Jahren abgerissen. Der goldene Altar und die schöne Kanzel sind auf jeden Fall sehenswert.
karmeliterplatz, www.st-leopold.at/st.josef/index.htm, eintritt: frei, u-bahn: taborstraße

Essen & Trinken

(2) Das einladende, geräumige **Café Français** ist ein sehr beliebter Treffpunkt und so gut wie immer voll. Verlockend sind nicht nur die französischen Gerichte wie Quiches und *chèvre chaud* (warmer Ziegenkäse), sondern auch die Frühstücksvielfalt. Samstagabends kann man im Club unter dem Café tanzen.
währingerstraße 6-8, www.cafefrancais.at, telefon: 01 3190903, geöffnet: mo-sa 9.00-0.00, preis: frühstück "catherine deneuve" 6 €, u-bahn: schottentor

(3) Das Konzept von **Mittendrin** ist außergewöhnlich. Das Restaurant gehört der Organisation VinziRast, die ein Haus für Obdachlose und Studenten betreibt. Essen im Mittendrin bedeutet also mehr als nur genießen, sie tun damit auch gleich etwas Gutes.
währingerstraße 19, www.vinzirast.at, telefon: 01 235077214, geöffnet: mo-fr 10.00-22.00, sa 18.00-22.00, preis: mittagessen 6,50 €, u-bahn: schottentor

(5) Das **Flein** liegt in dem frei stehenden historischen Küchengebäude des Schlosses, in dem heute auch das Französische Kulturinstitut seine Räume hat. In dem gemütlich-kleinen Restaurant mit nostalgischem Holzboden werden täglich wechselnde und – natürlich – französisch angehauchte Gerichte serviert. Es schmeckt hervorragend! Zu empfehlen sind unter anderem das Lammfilet mit Risotto oder die Spinatknödel mit Parmesan.
boltzmanngasse 2, telefon: 01 3197689, geöffnet: mo-fr 11.30-15.00 & 17.30-23.30, preis: 11 €, u-bahn: währingerstraße

(9) Ganz in der Nähe des Schuhladens Anne Morel (siehe Nr. 10) befindet sich das Café **Naschsalon**, der perfekte Ort, um bei einem Milchkaffee und hausgemachtem Kuchen mal richtig zu entschleunigen. Im Lokal der freundlichen Inhaberin Astrid können Sie auch Produkte wie Olivenöl und Schokolade kaufen, außerdem zeigen Künstler ihre Werke.
liechtensteinstraße 38a, www.naschsalon.at , telefon: 0664 4534193, geöffnet: mo-fr 7.30-19.00, sa 8.00-17.00, u-bahn: rossauer lände

Viva la Lotta
LEONARDI
LEONARDI
Red Bull Cola
0,25 l 2,90€

㉔ **CAFÉ ANSARI**

⑭ In der modern eingerichteten **Suppenwirtschaft** steht – der Name lässt es vermuten – Suppe auf dem Programm. Zum Beispiel thailändische Kokossuppe, österreichische Knoblauchsuppe oder marokkanische Harira. Doch die Küchenfeen machen auch leckere Salate und Currys. Am Ende des Tages gibt es eine Happy Hour, dann essen alle Gäste zum halben Preis.
servitengasse 6, www.suppenwirtschaft.at, telefon: 01 3176745, geöffnet: mo-fr 11.30-18.00, happy hour 17.00-18.00, preis: suppe: 4,80 €, u-bahn: rossauer lände

(18) Die Einrichtung im **Xpedit Lager** – die Gäste speisen zwischen alten Lagerregalen – ist schon etwas speziell. Das Gleiche gilt für die Speisekarte, denn die gibt es nur in wohlklingender italienischer Sprache. Sie verstehen nur Bahnhof? Fragen Sie den Ober, oder bestellen Sie einfach irgendetwas, denn alles ist lecker, vor allem die frische Pasta.
wiesingerstraße 6, www.xpedit.at, telefon: 01 512331323, geöffnet: mo-fr 11.00-1.00, sa 18.00-1.00, preis: 11 €, u-bahn: schwedenplatz

(20) Bis zum Meer sind es 500 Kilometer, aber trotzdem werden in Wien von April bis September die Strandbars aufgebaut. Dort, wo die Wien in den Donaukanal mündet, wurde ein künstlicher Strand mit Liegestühlen und Cocktailbars angelegt. Ein angesagter Treffpunkt für Touristen und Wiener zugleich. Die **Strandbar Herrmann** ist zweifellos die gemütlichste Strandbar am Wiener Stadtstrand.
herrmannpark, www.strandbarherrmann.at, geöffnet: apr.-sept. täglich 10.00-2.00, preis: cocktail 6 €, u-bahn: schwedenplatz

(21) Das **Urania** befindet sich in der gleichnamigen ehemaligen Sternwarte am Donaukanal. Die Atmosphäre in diesem hell und schlicht eingerichteten Café-Restaurant ist ungezwungen, und durch die großen Fenster kann man dem berühmten Riesenrad im Prater beim Rundendrehen zusehen. Nach dem Essen (wie wäre es mit Rucolasalat und gegrillten Garnelen?) geht es mit vollem Bauch eine Etage tiefer ins Kino zum Relaxen.
uraniastraße 1, www.uraniaentertainment.at, telefon: 01 7133066, geöffnet: täglich 9.00-0.00, preis: 12 €, u-bahn: schwedenplatz

(24) Was einst als kleines Lokal am Karmelitermarkt begann, hat sich zu einem schönen Restaurant in der Praterstraße ausgewachsen. Mit dem orientalischen **Café Ansari**, das über eine geräumige Sommerterrasse verfügt, ist für die freundliche georgische Inhaberin ein Traum in Erfüllung gegangen. Auf der Speisekarte finden sich schmackhafte und ausgefallene Gerichte wie Melanzaniröllchen mit Walnussfüllung, gebratenes Hühnerfleisch mit Safrancouscous oder geschmortes Kürbisgemüse auf Rosmarinpolenta.
praterstraße 15, www.cafeansari.at, telefon: 01 2765102, geöffnet: mo-sa 8.00-23.00, so 9.00-15.00, feiertage geschlossen, preis: hühnerfleisch mit couscous 13,70 €, u-bahn: nestroyplatz

(25) Das **Mochi** gehört zu den beliebtesten Restaurants der Stadt, serviert werden köstliche japanische Gerichte, die Sie selbst auswählen können oder die für Sie ausgewählt werden. In diesem Fall reicht Ihnen die freundliche Bedienung in vier oder fünf Gängen zahlreiche Schälchen mit Köstlichkeiten wie Sushi, Hülsenfrüchten, aus denen man die Samen saugt, Grillspießchen und weiteren Fischgerichten. Ein Traum! Wer hier abends essen will, sollte unbedingt reservieren. Tagsüber ist es nicht ganz so voll, da stehen Ihre Chancen gut, einfach so einen Tisch zu ergattern.
praterstraße 15, www.mochi.at, telefon: 01 9251380, geöffnet: mo-sa 11.30–22.00, preis: mochi-röllchen 9,50 €, u-bahn: nestroyplatz oder schwedenplatz

(30) Was Uma Abraham in der Küche ihres Restaurants **Das Engel** mit viel Liebe zaubert, ist sehr beachtlich. Serviert wird das köstliche Essen in einem schönen, mit Tischen aus Mahagoniholz eingerichteten Wohnzimmer. Die Speisekarte wechselt regelmäßig. Tipp: Wenn es Artischocken gibt, sollten Sie unbedingt zuschlagen.
große pfarrgasse 5, www.dasengel.at, telefon: 01 2127894, geöffnet: mo-fr 16.00-1.00, sa 10.00-15.00, preis: hauptgericht ab 12 €, u-bahn: taborstraße

(31) Zu den besten Restaurants Wiens gehört auch das **Skopik & Lohn**, ein Lokal mit einer großen Terrasse, schlichter Holzeinrichtung und einem etwas eigenwilligen "Deckengemälde". Auf der Karte finden sich Gerichte wie Rote-Bete-Risotto mit Büffelmozzarella oder Entrecôte mit Sauce béarnaise und Pommes.
leopoldgasse 17, www.skopikundlohn.at, telefon: 01 2198977, geöffnet: di-sa 18.00-1.00, preis: entrecote 26 €, u-bahn: taborstraße

(33) Eines der schönsten Wiener Cafés unter freiem Himmel ist die **Bunkerei** mitten im Augarten. Unter den Linden- und Kastanienbäumen vergisst man völlig, dass man sich in einer Großstadt befindet. Hier finden häufig Veranstaltungen statt – auch im Winter. Von April bis Oktober kann man sonntags, je nach Wetter, bei Livemusik brunchen.
obere augartenstraße 1a, www.bunkerei.at, telefon: 0676 9724370, geöffnet: täglich 11.00-20.00 (je nach wetter), preis: melange 3 €, u-bahn: rossauer lände oder taborstraße

DAS ENGEL (30)

Shoppen

⑧ Das **Nanou** verlässt man selten mit leeren Händen. Was darf es heute sein? Die rot gepunktete Kinderschürze oder eine französische Designertasche, ein farbiges Armband oder ein lustiges Kinderservice? Der Laden ist zwar groß, aber fast schon zu klein für all die schönen Dinge, die es hier zu entdecken gibt. An der Kasse locken nostalgische Kaugummikugeln und Blechdosen mit Pfefferminz.
porzellangasse 31a, www.nanou.at, telefon: 01 3151079, geöffnet: mo-di & do-fr 10.00-14.00 & 15.00-18.00, mi 14.00-18.00, sa 10.00-14.00, u-bahn: friedensbrücke

⑩ Im Stadtteil Alsergrund haben viele Franzosen eine neue Heimat gefunden. Entsprechend groß ist das Angebot an französischen Geschäften, von denen eines das **Anne Morel** ist. Die charmante Besitzerin verkauft hier kultige Damenschuhe, Taschen und Schmuck von Marken wie Palladium, Kickers und Jack Gomme.
liechtensteinstraße 38, www.annemorel.at, telefon: 01 3176602, geöffnet: mo 13.00-18.00, di-fr 10.00-18.00, sa 10.00-13.00, u-bahn: friedensbrücke

⑫ Das Blumengeschäft **Zweigstelle** mit seinen beiden bunten Blumenkübeln vor der Tür und dem kunstvoll gestalteten Schaufenster kann man nicht übersehen. Die Floristen sind wahre Künstler. Aus seltenen exotischen Blumen zaubern sie überraschende Kunstwerke mit Sti(e)l.
porzellangasse 4, www.zweigstelle.com, telefon: 01 3156698, geöffnet: mo-fr 9.00-19.00, sa 9.00-17.00, u-bahn: rossauer lände

⑬ Schokoladenliebhaber sind bei der **Xocolat Manufaktur** genau an der richtigen Adresse. Hier haben sie die Qual der Wahl aus über 100 verschiedenen Sorten Schokolade – alle hausgemacht. Das Angebot reicht vom ganz klassischen Bitterschokoladenriegel bis hin zu ausgefallenen Schoko-Varianten mit Lavendel oder Basilikum. Am Wochenende werden Schokoladenworkshops organisiert (Reservierung erforderlich).
servitengasse 5, www.xocolat.at, telefon: 01 3100020, geöffnet: mo-fr 10.00-18.00, sa 10.00-17.00, u-bahn: rossauer lände

WUNDERTÜTE ㉗

(29) TASCHENAUSGABE

(23) Unter dem Sofitel, dem hypermodernen 5-Sterne-Hotel des Architekten Jean Nouvel, hat das **Stilwerk** seine Verkaufsräume. Das Designzentrum wurde 2011 eröffnet und ist die Luxus-Antwort auf Möbelhausketten wie Ikea und Habitat. In über 20 einzelnen Geschäften findet der stilbewusste Käufer alles, was er für sein Zuhause braucht: von Küchen- und Badezimmer-accessoires über Lampen und Glas bis hin zu Möbeln. Auch wenn nicht alles in Ihren Koffer passt, so können Sie trotzdem das ein oder andere für zu Hause mitnehmen.
praterstraße 1, www.stilwerk.de/wien, telefon: 01 212061050, geöffnet: mo-fr 10.00-19.00, sa 10.00-18.00, u-bahn: schwedenplatz

(27) In der **Wundertüte** geht es wunderbar fröhlich zu. Bunte Geschenkartikel liegen zwischen hübschen Wohnaccessoires. Wie wäre es zum Beispiel mit verspielten Körbchen oder rot-weiß gepunkteten Bambi-Kleiderhaken? Oder bunte Spielkarten, verrückte Geräte, originelle Taschen?
karmeliterplatz 2, www.wundertuete.at, telefon: 0664 2835546, geöffnet: di-mi & fr 11.00-18.00, do 11.00-19.30, sa 10.00-14.00, u-bahn: taborstraße

(29) **Taschenausgabe**, ein Laden voller farbenfroher, stilvoller Taschen, macht einem die Entscheidung nicht leicht. Deshalb empfiehlt es sich, ein wenig Zeit mitzubringen. Die freundlichen Inhaber sind sehr kreative Köpfe und denken sich immer wieder etwas Neues aus, um Aufmerksamkeit zu erregen. Neben einer Taschenmesse organisieren sie auch ein jährliches Straßenfest vor der Tür und starten mit dem Schlussverkauf immer ein bisschen früher als andere Läden.
haidgasse 2, www.taschenausgabe.com, telefon: 0676 9455682, geöffnet: mo-fr 11.00-18.00, sa 10.00-14.00, u-bahn: taborstraße

100% there

④ Es macht immer wieder Spaß, über einen **Universitätscampus** zu schlendern. Der Wiener Campus befindet sich auf einem ehemaligen Krankenhausgelände und umfasst viele kleine Innenhöfe. In den Gebäuden werden Vorlesungen aus 16 verschiedenen Fakultäten gehalten. Die Stimmung ist gemütlich-gelassen, vor allem in den vielen Bars und Restaurants auf dem Gelände. Im Dezember gibt es hier einen stimmungsvollen Weihnachtsmarkt.
sensengasse/spitalgasse, u-bahn: schottentor

⑥ Die **Strudlhofstiege** aus dem Jahr 1910 ist ein Paradebeispiel einer Jugendstilanlage. Im Jahr 1951 wurde die geschwungene Treppe mit dem Brunnen berühmt, als der österreichische Schriftsteller Heimito von Doderer einen Roman und ein Gedicht nach ihnen benannte. Das Gedicht steht auf einer Tafel am Fuß der Treppe.
strudlhofgasse, u-bahn: rossauer lände

⑯ Wer am Donaukanal entlangspazieren möchte, sollte die Rossauer Lände aufsuchen. In den heißen Sommermonaten findet hier das **Summer Stage** statt: Die besten Restaurants der Gegend bauen dann Pavillons auf und es werden Konzerte veranstaltet. Ansonsten ist das Gelände ein Treff für junge Leute: Man sitzt am Wasser auf der Terrasse oder spielt Beachvolleyball.
rossauer lände 17, www.summerstage.at, telefon: 01 31966440, geöffnet: mai-sept. mo-sa 17.00-1.00, so 15.00-1.00, u-bahn: rossauer lände

⑰ Der **Donaukanal** ist kein echter Kanal, sondern ein Seitenarm der Donau. In den Sommermonaten stehen hier zahlreiche Strandbars. Von den Brücken hat man eine schöne Aussicht auf die prächtigen Gebäude am Fluss.
u-bahn: schwedenplatz, nestroyplatz oder praterstern

㉒ Das **Badeschiff** ist eigentlich ein großes Freibad auf einem Schiff. Es gibt dort aber auch eine gute Cocktailbar, und abends verwandelt sich das Schiff in einen Club, in dem getanzt wird. Wenn die letzten Partygäste gehen, ziehen die ersten Senioren schon wieder ihre Bahnen im Schwimmbecken.
donaukanal östlich des schwedenplatzes, www.badeschiff.at, telefon: 01 5130744, geöffnet: freibad mai-okt. täglich 8.00-0.00, club mi-sa 22.00-4.00, eintritt: freibad 5 €, club wechselnd, u-bahn: schwedenplatz

KARMELITERMARKT ㉘

㉘ Der **Karmelitermarkt** ist seit dem 18. Jahrhundert ein Markt mit Obst, Gemüse und österreichischen Spezialitäten. In den letzten Jahren wurde er richtig auf Vordermann gebracht und einige der Stände wurden in Speiselokale umgewandelt. In den angrenzenden Straßen gibt es ausgefallene Geschäfte. *zwischen leopoldsgasse, haidgasse und krummbaumgasse, geöffnet: markt mo-fr 6.00-18.00, sa 6.00-13.30 (esslokale bis spätabends), u-bahn: taborstraße*

㉜ Der **Augarten** ist ein bei Joggern und Familien mit Kindern beliebter Park mit zwei riesigen Bunkern aus dem Zweiten Weltkrieg, in denen während der Bombardements bis zu 30.000 Menschen Schutz suchen konnten. Mitten im Park liegt das Palais Augarten, die Heimstätte der Wiener Sängerknaben. *u-bahn: rossauer lände oder taborstraße*

Alsergrund & Karmeliter

SPAZIERGANG 4 (ca. 8 km)

Mit der U-Bahn zur Station Schottentor-Universität fahren und den Ausgang Währinger Straße nehmen. Links sehen Sie eine imposante Kirche mit zwei Türmen (1), rechts ein beliebtes französisches Café (2). Links in die Währinger Straße einbiegen, in der Sie für einen guten Zweck essen können (3). Mehr Lust auf ein kleines Bier (4) zwischen Studenten? Dann die zweite Straße links nehmen. Ansonsten rechts in die Boltzmanngasse einbiegen (5) und von dort die erste Straße rechts. Die historische Treppe hinuntergehen (6), erst rechts und dann links wenden, vorbei an einem prachtvollen Palast mit herrlichen Gärten (7). In der Porzellangasse finden Sie rechts einen Geschenkeladen (8). Danach rechts in die Liechtensteinstraße einbiegen und hier links (9) (10). Zum berühmten Sigmund Freud Museum (11) gelangen Sie über die zweite Straße links. Am Ende der Straße einen Abstecher nach links machen, um Blumen (12) zu kaufen. Dann geht es zurück und weiter in die Servitengasse (13) (14) (15). Hinter der Kirche rechts in Richtung Donaukanal abbiegen (16) (17) und am Wasser entlang zum Schwedenplatz spazieren (oder die U-Bahn nehmen). Am Schwedenplatz die Straße überqueren, erst links gehen und dann rechts, um zur Dominikanerbastei zu gelangen. In der ersten Straße links warten ein italienisches Restaurant (18) und ein Otto-Wagner-Gebäude (19). Zum Wasser zurückkehren, wo Sie eine hippe Strandbar (20), eine alte Sternwarte mit Kino (21) und ein Schwimmbad auf einem Schiff (22) finden. Die Schwedenbrücke überqueren und vor dem Designcentrum (23) rechts abbiegen. Dann links gehen und schräg rechts an zwei beliebten Restaurants vorbei (24) (25). Links in die Zirkusgasse einbiegen und dort links, rechts und noch einmal links gehen. Hier finden Sie einen Platz mit Kirche (26) und einem Geschenkeladen (27). Rechts gehen und dann links weitergehen, bis Sie zu einem gemütlichen Markt gelangen (28). In der Haidgasse gibt es farbenfrohe Taschen (29). Danach links abbiegen und nochmal links in die Große Pfarrgasse, um köstlich zu speisen (30). Oder alternativ zur Leopoldgasse weitergehen und dort rechts abbiegen, wo ein schickes Restaurant (31) wartet. Den Spaziergang in einem weiträumigen Park (32) auf einer Terrasse (33) abschließen.

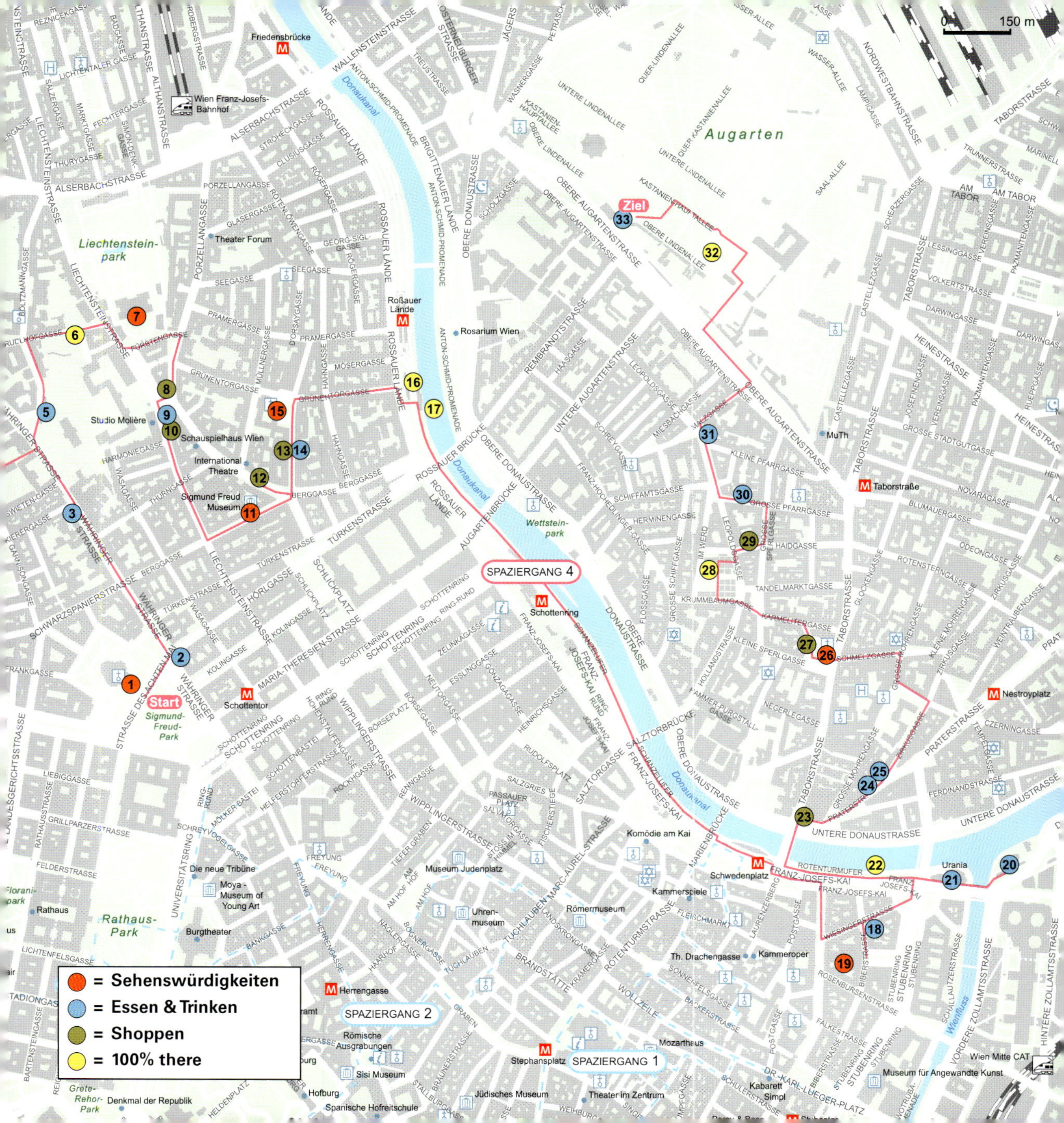

0
150 m
Augarten
Liechtenstein-park
Rathaus-Park
Sigmund-Freud-Park
Wettstein-park
Donaukanal
Ziel
Start
SPAZIERGANG 4
SPAZIERGANG 2
SPAZIERGANG 1
Friedensbrücke
Wien Franz-Josefs-Bahnhof
Theater Forum
Roßauer Lände
Rosarium Wien
Studio Molière
Schauspielhaus Wien
International Theatre
Sigmund Freud Museum
Schottentor
Schottenring
MuTh
Taborstraße
Nestroyplatz
Schwedenplatz
Urania
Komödie am Kai
Die neue Tribüne
Moya - Museum of Young Art
Rathaus
Burgtheater
Museum Judenplatz
Uhrenmuseum
Römermuseum
Kammerspiele
Th. Drachengasse
Kammeroper
Herrengasse
Römische Ausgrabungen
Sisi Museum
Hofburg
Spanische Hofreitschule
Denkmal der Republik
Stephansplatz
Jüdisches Museum
Theater im Zentrum
Mozarthaus
Kabarett Simpl
Museum für Angewandte Kunst
Wien Mitte CAT
Wienfluss
WÄHRINGER STRASSE
LIECHTENSTEINSTRASSE
ALSERBACHSTRASSE
PORZELLANGASSE
ROSSAUER LÄNDE
OBERE DONAUSTRASSE
UNTERE AUGARTENSTRASSE
OBERE AUGARTENSTRASSE
TABORSTRASSE
PRATERSTRASSE
UNTERE DONAUSTRASSE
FRANZ-JOSEFS-KAI
SCHOTTENRING
MARIA-THERESIEN-STRASSE
WIPPLINGERSTRASSE
ROTENTURMSTRASSE
WOLLZEILE
DR.-KARL-LUEGER-PLATZ
= Sehenswürdigkeiten
= Essen & Trinken
= Shoppen
= 100% there

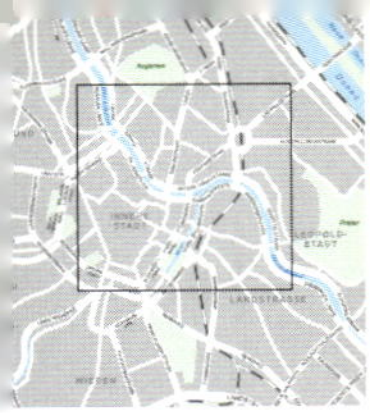

1. Votivkirche
2. Café Français
3. Mittendrin
4. Universitätscampus
5. Flein
6. Strudlhofstiege
7. Liechtenstein Museum
8. Nanou
9. Naschsalon
10. Anne Morel
11. Sigmund Freud Museum
12. Zweigstelle
13. Xocolat Manufaktur
14. Suppenwirtschaft
15. Servitenkirche
16. Summer Stage
17. Donaukanal
18. Xpedit Lager
19. Postsparkasse
20. Strandbar Herrmann
21. Urania
22. Badeschiff
23. Stilwerk
24. Café Ansari
25. Mochi
26. Pfarrkirche St. Josef
27. Wundertüte
28. Karmelitermarkt
29. Die Taschenausgabe
30. Das Engel
31. Skopik & Lohn
32. Augarten
33. Bunkerei

Neubau & Mariahilf

Paradies für Shopaholics und Kulturfans

Mit den vielen originellen Geschäften und angesagten Cafés voller Studenten und junger Leute gehören Mariahilf und Neubau zu den beliebtesten Vierteln der Stadt. Der quirligen Atmosphäre ist es zu verdanken, dass diese Gegend nonchalanter und lockerer wirkt als der Rest des an sich klassischen und vornehmen Wiens. Beide Stadtteile sind zudem Treffpunkt aller Shoppingfans. Hier locken neben großen Ladenketten auch viele kleine Designerboutiquen.

Der Stadtteil Neubau liegt versteckt hinter dem modernen MuseumsQuartier, einem Komplex in den ehemaligen kaiserlichen Hofstallungen. Heute beherbergen sie verschiedene Museen, Theater, Restaurants und Geschäfte, und das Angebot reicht von bildender Kunst und Architektur über Fotografie bis hin zu Tanztheater. Es gibt sogar ein großes Kindermuseum und ein Kindertheater mit Café. Am großen Platz im Zentrum des Stadtteils ist immer etwas los. In den Seiten- und Parallelstraßen warten besondere Boutiquen, Designershops und moderne Cafés.

5

Wer den klassisch-majestätischen Charakter der Stadt schätzt, wird vom Bezirk Mariahilf vielleicht etwas enttäuscht sein. Denn für Wiener Verhältnisse finden sich hier erstaunlich wenig Monumentalbauwerke oder architektonische Highlights. Zentrales Element des Stadtteils Mariahilf ist die lange und immer belebte Mariahilfer Straße. In dieser beliebtesten Einkaufsstraße der Stadt dominiert der Konsum – ein spannender Kontrast zu dem gemütlichen und alternativen Flair in den Seitenstraßen.

Von der Mariahilfer Straße aus führen kleine Gassen schräg nach Süden zur Gumpendorfer Straße. Zahlreiche neue Cafés, gute Restaurants und nette Läden sind hier entstanden, außerdem haben sich in den vergangenen Jahren bevorzugt Jungdesigner und Architekten in dieser Gegend niedergelassen.

6 Insider-Tipps

MuseumsQuartier

Nach dem Museumsbesuch bei Musik relaxen.

Lindengasse

Durch kultverdächtige Designergeschäfte bummeln.

Halle

In einem beliebten Café frühstücken oder ausgiebig essen.

Spittelberg

Durchs beschauliche Viertel schlendern.

Pure Living Bakery

In heimeliger Atmosphäre Kaffee trinken und Törtchen essen.

Lutz – die Bar

Sehen und gesehen werden.

- **Sehenswürdigkeiten**
- **Shoppen**
- **Essen & Trinken**
- **100% there**

Sehenswürdigkeiten

⑬ Die barocke **Mariahilfer Kirche** ist eine wohltuende Oase der Ruhe inmitten der hektischen Mariahilfer Straße. Das im späten 17. Jahrhundert geweihte Gotteshaus wurde schnell zu einem beliebten Ziel von Pilgern. Grund: Das Gnadenbild Mariahilf, das die Kirche beherbergt, versprach Kraft und Heilung. Viele Menschen kamen, um zu Maria zu beten, so auch Kaiserin Maria Theresia.
barnabitengasse 14, www.pfarremariahilf.at, u-bahn: neubaugasse

⑯ In einem Teil des ehemaligen K.u.k.-Möbellagers befindet sich heute das **Hofmobiliendepot**. Hier erfahren die Besucher, wie die österreichischen Kaiserinnen und Kaiser – von Maria Theresia bis hin zu Karl I. – ihre Gemächer einrichteten. Tische, Stühle, Gemälde, selbst ganze Zimmer gibt es zu bestaunen. Neben der schönen Dauerausstellung werden auch Sonderausstellungen zeitgenössischer Möbeldesigner und Architekten gezeigt.
andreasgasse 7, www.hofmobiliendepot.at, telefon: 01 5243357, geöffnet: di-so 10.00-18.00, eintritt: 8,50 €, u-bahn: neubaugasse

㉓ Die barocke **Ulrichskirche** aus dem Jahr 1724 nimmt fast den gesamten Ulrichsplatz ein. Dieser Platz war einst Mittelpunkt eines Dorfes, inzwischen ist die Kirche von herrschaftlichen Patrizierhäusern umringt. In das Kircheninnere sollte man mal einen Blick werfen, allerdings kommt man nur im Rahmen einer Messe oder eines Konzertes hinein (Datum und Uhrzeit finden Sie auf der Webseite).
ulrichsplatz, www.stulrich.com, u-bahn: volkstheater

Essen & Trinken

② Ob Frühstück, Mittagessen, Abendessen oder Aperitif, das **Halle** ist zu jeder Tageszeit die richtige Wahl. Das Restaurant-Café mit einer Sommerterrasse am Platz vor dem Haus liegt neben der Kunsthalle inmitten des MuseumsQuartiers und ist modern eingerichtet. Wenn man die olivgrünen Vorhänge etwas beiseiteschiebt, kann man in das große Foyer des Museums blicken. Im Halle werden tolle Gerichte serviert, auch zahlreiche vegetarische. Außerdem gibt es preisgünstige Tagesgerichte.
museumsquartier 1, ww2.diehalle.at, telefon: 01 5237001, geöffnet: täglich 10.00-2.00, preis: mittagessen 9 €, u-bahn: museumsquartier

③ Markenzeichen der Bar **Lutz** ist das geradlinige Interieurdesign. Egal, ob man Lust auf einen Latte macchiato oder einen Cocktail hat, in der Lounge-Atmosphäre lässt es sich wunderbar relaxen. Auf der Karte stehen Köstlichkeiten wie Schnitzel und Curry.
mariahilfer straße 3, www.lutz-bar.at, telefon: 01 5853646, geöffnet: mo-do 8.00-2.00, fr 9.00-4.00, sa 10.00-4.00, so 10.00-0.00, preis: melange 3,10 €, u-bahn: museumsquartier

⑥ Gutes asiatisches Essen in lockerem Ambiente: Das gibt's bei **Ra'mien**. In diesem hell und schlicht eingerichteten Restaurant ist der Service vielleicht nicht der schnellste, aber das lange Warten wird durch ein wunderbares Essen belohnt. Bei schönem Wetter wird die Fensterfront geöffnet. Eine Etage tiefer gibt es eine Bar mit Tanzfläche.
gumpendorferstraße 9, www.ramien.at, telefon: 01 5854798, geöffnet: di-so 11.00-0.00, preis: nudelsuppe 8 €, u-bahn: museumsquartier

⑦ Bei **Phil** kann man gemütlich einen Mango Lassi oder ein Bierchen trinken, dabei ein Buch lesen (und es anschließend kaufen). Das zusammengewürfelte Mobiliar, die relaxte Musik und das gemischte Publikum schaffen eine angenehm entspannte Atmosphäre. Man braucht ein bisschen Glück, um einen Platz zu erwischen, denn meistens ist es hier brechend voll.
gumpendorferstraße 10-12, www.phil.info, telefon: 01 5810489, geöffnet: mo 17.00-1.00, di-so 9.00-1.00, preis: mango lassi 3,30 €, u-bahn: museumsquartier

PHIL ⑦

⑧ Das **Café Sperl** vereint Wiener Grandeur mit dem Glanz vergangener Tage. Hier findet man alles, was ein echtes Wiener Kaffeehaus ausmacht: hausgemachte Torte nach Geheimrezept, himmlische Wiener Melange mit einem Glas Wasser – auf einem Silbertablett gereicht – und grantige Kellner im abgewetzten Frack.

gumpendorferstraße 11, www.cafesperl.at, telefon: 01 5864158, geöffnet: mo-sa 7.00-23.00, so 11.00-20.00, preis: melange 3,20 €, u-bahn: museumsquartier

⑰ RAUCH JUICE BAR

(10) Müslifans geht bei **Corns n' Pops** das Herz auf. Hier darf der Gast sein Müsli nämlich selbst zusammenstellen. Zur Auswahl stehen nicht weniger als 50 verschiedene Zutaten. Keine Lust auf Müsli? Kein Problem, es gibt auch Bagels, weißen und braunen Kakao sowie Fruchtsäfte.
gumpendorferstraße 37, www.cornsnpops.com, telefon: 0664 1312005, geöffnet: mo-fr 7.30-17.00, sa 9.00-16.00, preis: müsli des tages 3,50 €, u-bahn: kettenbrückengasse

(17) Nicht zu übersehen ist die **Rauch Juice Bar**, die 2013 in der Neubaugasse ihre Türen öffnete. Die Fassade ist so auffällig gestaltet, dass man fast zwangsläufig einen Blick hineinwerfen muss – und das lohnt sich. Denn die Säfte, Smoothies und Vitaminshots mit bedeutungsschwangeren Namen wie "Adonis", "Beach Boy" oder "Berry Rendezvous" sind so lecker und frisch, dass sie Kraft für den ganzen Tag geben.
neubaugasse 13, www.rauch.cc, telefon: 05 522401209, geöffnet: mo-fr 8.00-20.00, sa 9.00-19.00, preis: frisch gepresster saft 4 €, u-bahn: neubaugasse

(19) Die grelle Beleuchtung und das funktionale Design tun der Beliebtheit des Cafés Europa keinen Abbruch. Geschäftsleute, Studenten und Journalisten gehen hier ein und aus und sorgen für gute Stimmung. Das **Café Europa** ist der ideale Ort für ein Gläschen Welschriesling oder einen schnellen Espresso.
zollergasse 8, www.europa-lager.at, telefon: 01 526 33 83, geöffnet: täglich 9.00-5.00, preis: glas wein 2 €, u-bahn: neubaugasse

(20) Immer mehr Wiener schätzen "Bio", und diesem Bedürfnis entspricht das **Bizzo**. Ob vegetarische oder Fleischgerichte, alle Zutaten sind aus biologischer Erzeugung und alles wird vor Ort in der offenen Küche frisch und mit viel Liebe zubereitet. Wer die täglich wechselnden Gerichte und hausgemachten Nudeln nicht im gemütlichen Restaurant genießen will, kann sie auch einfach mitnehmen.
zollergasse 4, www.bizzo.at, telefon: 0676 4124213, geöffnet: mo-sa 9.00-22.00, preis: hauptgericht 7,50 €, u-bahn: museumsquartier

(21) Das **Espresso** ist ein kleines Café im Stil der 1950er-Jahre mit hübschen Details wie einer alten Garderobe und einem Zigarettenautomaten. Auffällig und ungewöhnlich ist die Gewölbedecke. Wahrscheinlich war sie Teil einer Kapelle, die einmal an dieser Stelle stand. In dem lockeren Ambiente werden köstliche Mittagsgerichte und Bio-Limonade zubereitet. Ein beliebter Treffpunkt von Studenten und Leuten in den Dreißigern, auch abends.
burggasse 57, www.espresso-wien.at, telefon: 0676 5961645, geöffnet: mo-fr 7.30-1.00, sa-so 10.00-1.00, preis: mittagessen 9 €, u-bahn: volkstheater

(22) Bei der Auswahl der Einrichtung für das romantische **Pure Living Bakery** hat sich die Inhaberin von kalifornischen und New Yorker Cafés inspirieren lassen. Die Torten und Kuchen schauen so verführerisch aus, dass man eigentlich mehrmals kommen muss, um sie alle zu probieren. Ebenfalls aus eigener Herstellung: Kekse, weißer Kakao, Sandwiches und Bagels.
burggasse 68, www.purelivingbakery.com, geöffnet: mo-fr 9.00-20.00, sa-so 10.00-20.00, preis: melange 3,50 €, u-bahn: volkstheater

(28) Alle Möbelstücke, die im Café **Das Möbel** zu sehen sind, stammen von aufstrebenden Jung-Designern. Die Gäste können sie direkt nach dem Drink, Frühstück oder Mittagessen vor Ort käuflich erwerben. Das Essen ist gut, doch die Einrichtung steht eindeutig im Vordergrund.
burggasse 10, www.dasmoebel.at, telefon: 01 524949713, geöffnet: täglich 10.00-0.00, preis: glas wein 2,20 €, u-bahn: volkstheater

(30) Die **Rote Bar**, die Bar des Volkstheaters, ist eines der schönsten Abend- und Nachtlokale Wiens. Innen ist tatsächlich alles rot. Das Unterhaltungsprogramm wechselt: Manchmal werden Partys veranstaltet oder ein DJ legt auf, manchmal gibt es Livemusik. Der Eingang an der Seite des Theaters ist nicht leicht zu finden und drinnen müssen die Gäste auch noch einige Stufen und Gänge bewältigen – man hat fast den Eindruck, man wäre falsch. Aber das Gegenteil ist der Fall!
neustiftgasse 1, www.rotebar.at, telefon: 0699 15015014, geöffnet: täglich 18.30-1.00, preis: glas wein 2,20 €, u-bahn: volkstheater

BIZZO (20)

(31) An der Fassade von **1500 Foodmakers** heißt es: "We are all mad here". Das eigenwillig eingerichtete Restaurant im Erdgeschoss des 25 Hours Hotel ist ein beliebter Treffpunkt und eines der coolsten Lokale der Stadt. Blickfang ist die riesige bunte Bar in der Mitte, über der große Lampen hängen. Auch die Holz- und Zinktische und die bunten Stühle springen sofort ins Auge.

Tipp: Nehmen Sie den Aufzug zur Bar in der oberen Etage, um die Aussicht über die Stadt zu genießen.

lerchenfelderstraße 1-3, www.25hourshotel.com, telefon: 01 52151845, geöffnet: mo-fr 12.00-1.00, sa-so 18.00-1.00, u-bahn: volkstheater

Shoppen

(9) In der **Saint Charles Apotheke** kann man ganz normal seine Arzneimittel kaufen, aber es gibt auch ein großes Sortiment hochwertiger Kosmetik- und Reformartikel, die teils hier hergestellt wurden. Auf der gegenüberliegenden Straßenseite befindet sich das Alimentary, das kleine Apothekerrestaurant, in dem man auf Reservierung mit Gruppen bis zu acht Personen speisen kann.
gumpendorferstraße 30, www.saint.info, telefon: 01 5861363, geöffnet: mo-fr 8.00-18.00, sa 8.00-12.00, u-bahn: kettenbrückengasse

(11) Der Raimundhof steht in krassem Gegensatz zur hektischen Mariahilfer Straße, in die er mündet. Inmitten der kleinen Gasse ist **Gräfin vom Raimundhof** angesiedelt, ein Laden mit bunten Taschen, Geldbeuteln, Schmuck und witzigen Geschenkideen. Der Laden ist so voll, dass man sich unmöglich zurechtfinden kann. Kein Problem, denn die freundliche Inhaberin ist sehr hilfsbereit. Da eine Gräfin natürlich auch einen Grafen braucht, liegt das männliche Pendant genau vis-à-vis.
mariahilfer straße 45, www.graefinvomraimundhof.at, telefon: 01 5850630, geöffnet: mo-do 11.00-18.00, fr 10.00-19.00, sa 10.00-17.00, u-bahn: neubaugasse

(12) Das altmodische, exklusive Spezialgeschäft für die tägliche Köperpflege **Walter Weiss** liegt inmitten all der großen Ladenketten und fällt deshalb besonders auf. Im Sortiment stößt man auf so seltene Spezialartikel wie Rasierpinsel aus Büffelhorn und Dachshaar in einem Futteral aus Kalbsleder, abgesetzt mit Ziegenvelours.
mariahilfer straße 33, www.walterweiss.at, telefon: 01 5879391, geöffnet: mo-fr 10.00-18.30, sa 10.00-17.00, u-bahn: neubaugasse

(15) In der belebten Neubaugasse gibt es viele gute Shopping-Adressen. Eine davon ist **NFIVE**. Hier findet man ausgefallene und bequeme Damen- und Herrenmode von Marken wie Bruuns Bazaar, Best Behavior und Filippa K. In dem schönen, großen Geschäft kann man sich ungestört umsehen und dann das ein oder andere Stück anprobieren.
neubaugasse 5, www.nfive.at, telefon: 01 5238313, geöffnet: mo-fr 10.00-19.00, sa 10.00-18.00 , u-bahn: neubaugasse

WALTER WEISS ⑫

㉙ FJORDLYS

(24) Funky T-Shirts, bunter Modeschmuck und trendy Taschen: Die drei Freundinnen und Designerinnen von **violettsays** haben viel Spaß zusammen, das sieht man ihren Entwürfen an. Nach eigener Aussage richtet sich ihr Label an fröhliche Frauen und furchtlose Männer.
neustiftgasse 23, www.violettsays.at, telefon: 0699 10630330, geöffnet: di 15.00-19.30, mi-fr 11.00-19.00, sa 11.00-17.00, u-bahn: volkstheater

(25) Was man im Modegeschäft und Atelier **Wiener Konfektion** präsentiert, hat durchaus das Potenzial, als Lieblingsstück in Ihrem Kleiderschrank zu landen! Die elegante, bequeme Mode wird aus natürlichen Materialien gefertigt – immer mit einem besonderen Akzent. Das Sortiment umfasst auch ausgefallene Röcke und schöne Kleider aus Vintage-Stoffen der 60er- und 70er-Jahre.
siebensterngasse 20, www.wienerkonfektion.at, telefon: 0699 11672752, geöffnet: mo-fr 12.30-18.30, sa 12.00-17.00, u-bahn: volkstheater

(26) Ein Geheimtipp für Schokoholics: In den Verkaufsräumen des hypermodern eingerichteten **Schokov** erwarten Sie über 200 Sorten Schokolade. Nach einschlägiger Meinung wird hier die beste heiße Schokolade des Landes serviert.
siebensterngasse 20, www.schokov.com, telefon: 0664 88513145, geöffnet: mo-fr 12.00-18.30, sa 12.00-18.00, u-bahn: volkstheater

(29) Wer bunte dänische Wohnaccessoires liebt, für den ist **Fjordlys** ein Muss. Außer Gläsern von Normann Copenhagen finden Sie hier zum Beispiel Wollkissen von Broste Copenhagen und Service von Greengate. Obendrein verfügt der Laden über ein kleines Café, in dem man köstlichen Tee mit guten dänischen Keksen bekommt.
breite gasse 9, www.fjordlys.at, telefon: 01 524848383, geöffnet: di-fr 10.00-13.30 & 15.00-18.30, sa 10.00-16.00, u-bahn: volkstheater

100% there

① Die ehemaligen kaiserlichen Stallungen beherbergen heute das moderne **MuseumsQuartier** (MQ) mit Museen, Theatern, Restaurants und Geschäften. Das Leopold Museum beeindruckt durch die größte Sammlung von Werken des österreichischen Malers Egon Schiele. Außerdem zu sehen sind Arbeiten anderer zeitgenössischer Künstler wie Klimt oder Kokoschka. Moderne Kunst gibt es im MUMOK (Museum Moderner Kunst) und in der Kunsthalle. Im Innenhof kann man im Sommer wunderbar zu den Klängen eines DJs entspannen. Im Winter findet immer ein moderner Weihnachtsmarkt statt.
museumsplatz 1, www.mqw.at, telefon: 01 5235881, u-bahn: museumsquartier

④ Ein Besuch im Hamam **Aux Gazelles** ist genau das Richtige, wenn der Wiener Himmel grau und wolkenverhangen ist. In diesem marokkanischen Badehaus stehen verschiedene Behandlungen und Massagen zur Auswahl. Im Dampfbad liegt man auf warmen Marmorplatten und trinkt danach ganz entspannt eine Tasse frischen Minztee im Teesalon. Für den Besuch des Hamams ist eine Reservierung erforderlich.
rahlgasse 5, www.auxgazelles.at, telefon: 01 5856645, geöffnet: mo-sa 12.00-22.00, aug. geschlossen, preis: ab 28 €, u-bahn: museumsquartier

⑤ Das **Topkino** ist ein unabhängiges Programmkino mit familiärer, ungezwungener Atmosphäre. Gezeigt werden Kunstfilme und Dokumentationen (in Originalfassung mit deutschen Untertiteln), und hin und wieder werden kleine Festivals veranstaltet. Auch wenn man keinen Film anschauen möchte, kann man es sich in der angrenzenden Bar gemütlich machen. (Hollywoodfilme in englischer Sprache zeigt das Haydn Cinema, Mariahilfer Straße 57.)
rahlgasse 1, www.topkino.at, telefon: 01 2083000, geöffnet: mo-mi 11.00-2.00, do-sa 11.00-4.00, so 10.30-0.00, eintritt: karten 7 €, u-bahn: museumsquartier

MUSEUMSQUARTIER ①

Spittelberggasse 22
Zum hl. Christoph
erbaut 1695 restauriert 1981
27

1

18

(14) Das Meeresaquarium **Haus des Meeres** befindet sich in einem der sechs Flaktürme (von denen der höchste 55 Meter misst). Der unten angelegte riesige Luftschutzbunker wurde in eine tolle subtropische Landschaft verwandelt, in der es farbenprächtige Fische, Haie, Vögel, Affen und Schlangen zu bewundern gibt.
fritz-grünbaum-platz 1, www.haus-des-meeres.at, telefon: 01 5871417, geöffnet: mo-mi & fr-so 9.00-17.30, do 9.00-20.30, eintritt: 14,90 €, u-bahn: neubaugasse

(18) In der **Lindengasse** sowie in ihren Seitenstraßen liegen viele nette kleine Designerläden. Einer davon ist die strahlend weiß eingerichtete Boutique Wabisabi, in der elegante Mode in Schwarz und Weiß angeboten wird. Bei Eclectick verkaufen junge ungarische Designer ihre originellen und ein wenig gewagten Kreationen. Und bei La Petite Boutique gibt es tollen Schmuck von Designerin Michaela Arl De Lima.
www.7tm.at, u-bahn: neubaugasse

(27) Im **Spittelberg** wähnt man sich in einem alten Dorf irgendwo in der Provinz. Das idyllische Viertel mit seinen engen Gassen und renovierten historischen Häusern ist eine beliebte Wiener Wohngegend. Hinter den Biedermeierfassaden locken zahlreiche Restaurants und Bars. Im Dezember verwandeln sich die Straßen in einen einzigen großen Weihnachtsmarkt.
www.spittelberg.at, u-bahn: volkstheater

Neubau & Mariahilf

SPAZIERGANG 5 (ca. 8 km)

Startpunkt ist die U-Bahn-Station Museumsquartier. Gleich am Anfang gelangen Sie zu einem riesigen Platz, der von zahlreichen Museen umgeben ist (1). Die Treppe hinaufsteigen, um etwas zu essen (2). Links die Durchgänge in Richtung Mariahilfer Straße nehmen, wo Sie rechts eine coole Bar (3) finden. Links die Treppe hinuntergehen, vorbei an einem Hamam (4) und einem Kino (5). In der Gumpendorfer Straße warten einige beliebte Adressen (6) (7) (8) und etwas weiter eine besondere Apotheke und ein Frühstückslokal (9) (10). Rechts die Treppe hinaufsteigen und geradeaus in die Gasse mit der Treppe einbiegen (11). Zurück in der Mariahilfer Straße finden Sie rechts den niedlichsten Laden Wiens (12). Links in Richtung Platz mit der Kirche gehen (13). Links neben der Kirche hinuntergehen, um zu einem riesigen Bunker zu gelangen. Der beherbergt ein Meeresaquarium (14). Am Ende der Straße rechts abbiegen, die Mariahilfer Straße überqueren, um in die Einkaufsstraße Neubaugasse (15) zu gelangen. Die erste Straße links nehmen und am Ende links in die Andreasgasse (16) einbiegen. Umdrehen und vor bis zur Lindengasse, dort rechts gehen, die Neubaugasse überqueren oder erst an der Ecke einen frisch gepressten Saft genießen (17). Durch die Straßen mit den netten Läden bummeln (18) und einen Abstecher in die Zollergasse machen, in der zwei Cafés warten (19) (20). Etwas weiter in der Kirchengasse links in Richtung Burggasse gehen, die links zwei schöne Cafés (21) (22) beherbergt. Rechts liegt die Ulrichskirche (23) und rechts dahinter, in der Neustiftgasse, ein kleiner Modeladen (24). Zur Burggasse zurückgehen, rechts in Richtung Siebensterngasse abbiegen und dort links gehen (25) (26). Dann wieder links abbiegen, um zum Künstlerviertel Spittelberg (27) zu gelangen. Zur Burggasse zurückkehren, rechts gehen, um dem Café Das Möbel (28) einen Besuch abzustatten. Rechts in der Breiten Gasse gibt es einen schönen skandinavischen Laden (29). Zurück zur Burggasse, dort befindet sich am Ende links an der Ecke ein Theater, das die Rote Bar (30) beherbergt. Links gehen, um den Spaziergang nach etwa 50 Metern in einem schicken Restaurant (31) abzuschließen.

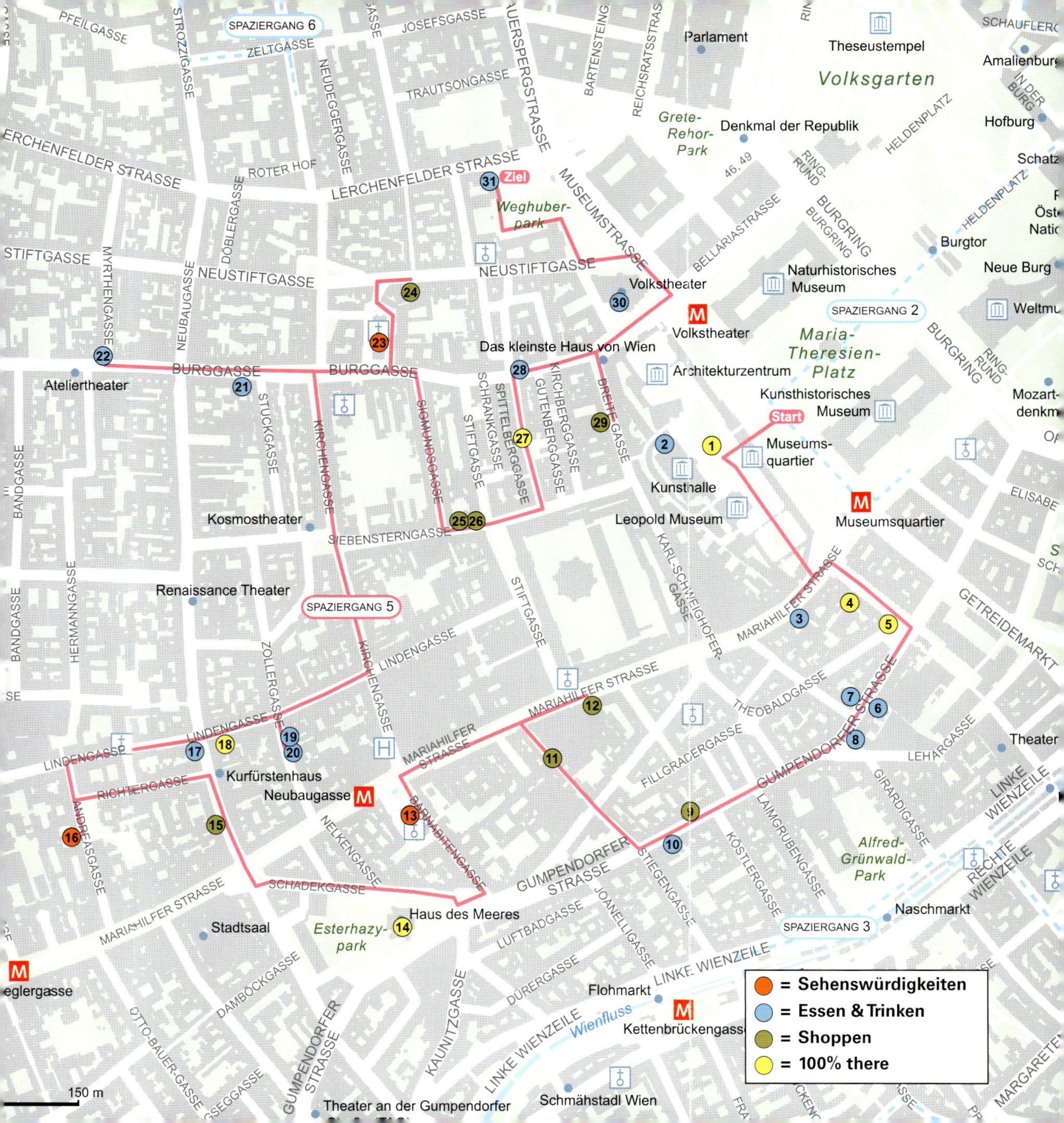
Spaziergang 6
Spaziergang 5
Spaziergang 2
Spaziergang 3
Start
Ziel
Parlament
Theseustempel
Volksgarten
Amalienburg
Hofburg
Grete-Rehor-Park
Denkmal der Republik
Weghuber-park
Volkstheater
Naturhistorisches Museum
Burgtor
Neue Burg
Maria-Theresien-Platz
Das kleinste Haus von Wien
Architekturzentrum
Kunsthistorisches Museum
Museumsquartier
Kunsthalle
Leopold Museum
Ateliertheater
Kosmostheater
Renaissance Theater
Kurfürstenhaus
Neubaugasse
Haus des Meeres
Esterhazy-park
Stadtsaal
Theater
Alfred-Grünwald-Park
Naschmarkt
Flohmarkt
Kettenbrückengasse
Wienfluss
Schmähstadl Wien
Theater an der Gumpendorfer
Lerchenfelder Strasse
Neustiftgasse
Burggasse
Siebensterngasse
Mariahilfer Strasse
Lindengasse
Gumpendorfer Strasse
Schadekgasse
Richtergasse
Linke Wienzeile
Rechte Wienzeile
150 m
= Sehenswürdigkeiten
= Essen & Trinken
= Shoppen
= 100% there

1. MuseumsQuartier
2. Halle
3. Lutz – die bar
4. Aux Gazelles
5. Topkino
6. Ra'mien
7. Phil
8. Café Sperl
9. Saint Charles Apotheke
10. Corns n' Pops
11. Gräfin vom Raimundhof
12. Walter Weiss
13. Mariahilfer Kirche
14. Haus des Meeres
15. NFIVE
16. Hofmobiliendepot
17. Rauch Juice Bar
18. Lindengasse
19. Café Europa
20. Bizzo
21. Espresso
22. Pure Living Bakery
23. Ulrichskirche
24. violettsays
25. Wiener Konfektion
26. Schokov
27. Spittelberg
28. Das Möbel
29. Fjordlys
30. Rote Bar
31. 1500 Foodmakers

Josefstadt & Yppenplatz

Sehenswert, studentisch und multikulturell

Das riesige Rathaus ist eines der Wahrzeichen der Stadt. Auf dem Platz vor dem Monumentalbau ist fast immer etwas los – wer das Gebäude ohne Buden oder andere störende Objekte fotografieren will, wird sich eher schwertun. Im Winter sind der Weihnachtsmarkt – der meistbesuchte der Stadt – und die Eislaufbahn die größten Attraktionen auf dem Platz. In der Adventszeit sind alle Bäume vor dem Rathaus stimmungsvoll mit Lichterketten und Lichtern in Form von Geschenken, Schneemännern oder auch Schneeflocken geschmückt. Im Januar und Februar ist der Platz eine riesige Eisfläche, im Sommer kann man auf einer gigantischen Leinwand Opernvorstellungen mitverfolgen.

Hinter dem Rathaus beginnt die Josefstadt. Das kleinste Viertel Wiens wurde nach Kaiser Joseph I. benannt. Mit seinen idyllischen Gassen und Plätzen besitzt es eine ganz andere Ausstrahlung als Alsergrund und Neubau. Hier leben – neben vielen Studenten und jungen Familien – vor allem ältere, gut

6

betuchte Wiener, die eine eher dörfliche Atmosphäre zu schätzen wissen. Es wimmelt hier nur so von Cafés, Restaurants und ausgefallenen Boutiquen.

Die lange, lebhafte Josefstädter Straße mit ihren vielen Läden verbindet die Altstadt mit dem Gürtel, der breiten Ringstraße um die Altstadt herum. Jenseits des Gürtels liegt der Brunnenmarkt, der zweitgrößte Marktplatz Wiens. Hier wohnen mehrheitlich Türkisch- und Griechischstämmige, das merkt man auch am farbenfrohen Markt und den Läden ringsherum. Wiener kommen gern hierher, um sich mit ausländischen Produkten einzudecken.

Der Markt mündet in den aufstrebenden Yppenplatz – eine Gegend mit sehr netten und beliebten Straßencafés und Restaurants, in denen man wunderbar essen kann.

6 Insider-Tipps

Demmers Teehaus

Vor lauter Tee den Überblick verlieren.

Rathaus

Faszinierende Architektur bestaunen.

Café der Provinz

Wie in einem französischen Dorfcafé frühstücken.

Kaufhaus Schiepek

Den buntesten Laden Wiens besuchen.

Brunnenmarkt

Über den farbenfrohen Markt schlendern.

An-Do Fisch

In einem der wenigen guten Wiener Fischrestaurants speisen.

- **Sehenswürdigkeiten**
- **Shoppen**
- **Essen & Trinken**
- **100% there**

Sehenswürdigkeiten

② Die **Universität Wien** ist die zweitälteste und größte deutschsprachige Universität der Welt. Das Hauptgebäude im Renaissancestil ist eigentlich nur für Mitarbeiter und Studierende zugänglich, doch manchmal kann man schnell hineinschlüpfen und sich kurz umsehen. Die Galerie rings um den Innenhof ist von 154 Büsten berühmter Wissenschaftler gesäumt. Wer kann, sollte auch einen Blick in den Großen Festsaal werfen. Die Decke wird von Werken österreichischer Meister wie Gustav Klimt geziert.
dr.-karl-lueger-ring 1, www.univie.ac.at, telefon: 01 42770, u-bahn: schottentor

③ Die alte Stadtmauer, mit der die Altstadt bis ins 18. Jahrhundert umgeben war, wurde fast vollständig abgerissen, nur an der **Mölker Bastei** blieb noch ein Teil erhalten. "Mölk" ist das alte Wort für Melk und verweist auf das gleichnamige Stift, dem hier einst ein großes Anwesen gehörte. Auf dem Platz ist ein Denkmal zu Ehren des einstigen Bürgermeisters Von Liebenberg errichtet worden, unter dem die Stadt 1680 der türkischen Belagerung standhielt. Auf der Spitze des Denkmals steht die Viktoria, die Siegesgöttin.
u-bahn: schottentor

⑧ Das **Rathaus** ist ein prächtiges Gebäude an der Ringstraße, erbaut im Jahr 1883. Als Vorbild für den Baustil diente die flämische Gotik. Interessiert? Der Zugang zu den sieben Innenhöfen ist frei. Wer jedoch die überwältigenden Räume von innen sehen möchte, muss sich einer Führung anschließen. Vor dem Rathaus ist immer etwas los: Im Winter wird hier ein schöner Weihnachtsmarkt mit riesiger Eislaufbahn aufgebaut, im Sommer stehen überall kleine Imbissstände und auf einer großen Leinwand werden Konzertaufnahmen gezeigt.
rathausplatz, telefon: 01 52550, führung: mo, mi & fr 13.00, eintritt: frei, führung frei, u-bahn: rathaus

② UNIVERSITÄT WIEN

(14) Der Architekt Theophil Hansen entwarf 1883 das **Parlamentsgebäude** im monumentalen griechischen Stil mit vielen Säulen. Damit wollte er seine Bewunderung für das griechische Ideal der Demokratie zum Ausdruck bringen. Bis ins Jahr 1918 traf sich die kaiserliche Regierung in dem Gebäude, heute tagt hier die Nationalregierung. Zutritt zu diesem Politik-Tempel gibt es nur im Rahmen einer Führung.
dr.-karl-renner-ring 3, www.parlament.gv.at, telefon: 01 401102400, geöffnet: mo-sa ab 11.00, während kabinettssitzungen und an feiertagen geschlossen, führung: 6 €, u-bahn: volkstheater

(15) Die weiße **Piaristenkirche** aus dem Jahr 1753 ist vor allem für ihre Orgel und die hervorragende Akustik berühmt. Der Komponist Anton Bruckner legte hier sein Zulassungsexamen für das Konservatorium ab. Von seinem Prüfer ist der erstaunte Kommentar überliefert: "Sie sollten mich beurteilen, nicht ich Sie." Sehenswert sind auch die Deckenfresken.
jodok-fink-platz, www.mariatreu.at, geöffnet: so 8.00-12.00 & 18.00-20.00, mo-fr 9.00-12.00, beim pfarramt (piaristengasse 43-53) klingeln, um den schlüssel zu holen, u-bahn: rathaus

Essen & Trinken

① Wiener sind sehr stolz auf ihre Weine und die anderen feinen Tropfen aus österreichischer Erzeugung. Kein Wunder, dass man auf fast jeder Weinkarte heimische Sorten findet. Beliebt sind vor allem Grüner Veltliner und Blaufränkisch. Bei **Wein & Co** kann man sie alle verkosten und kaufen, damit man zu Hause in Wien-Erinnerungen schwelgen kann. Wein & Co hat mehrere Filialen in der Stadt, diese hier befindet sich über einem großen Restaurant.
universitätsring 12, www.weinco.at, telefon: 05 07063141, geöffnet: mo-sa 10.00-1.00, so 11.00-0.00, u-bahn: schottentor

⑥ Durch eine aufwendige Renovierung hat das **Café Landtmann** viel von seinem nostalgischen Charme eingebüßt, dennoch bleibt es ein beliebter Treffpunkt für Schauspieler des benachbarten Burgtheaters sowie Politiker. Sigmund Freud war hier Stammgast, seine Leibspeise: Kaffee mit Gugelhupf. Von dem großen Wintergarten hat man eine wunderbare Aussicht auf den Rathausplatz. Lust auf einen Gugelhupf? Den gibt's noch immer.
universitätsring 4, www.landtmann.at, telefon: 01 24100100, geöffnet: täglich 7.30-0.00, preis: melange 4,40 €, u-bahn: herrengasse

⑬ Im **Café der Provinz** fühlt man sich wie in einem echten französischen Dorfcafé. Die Atmosphäre ist angenehm locker, und auf der Karte stehen viele Köstlichkeiten wie frische Crêpes, ausschließlich aus biologischen Zutaten zubereitet. Hier kommt noch der Eiermann mit dem Fahrrad vorbei, um seine Waren höchstpersönlich abzuliefern! Das Café der Provinz bietet auch eine umfangreiche Teekarte, und an den Wochenenden gibt es ein ausgiebiges Frühstücksbuffet.
maria-treu-gasse 3, www.cafederprovinz.at, telefon: 01 9442272, geöffnet: täglich 8.00-23.00, preis: crêpe 4 €, u-bahn: rathaus

⑭ Die Pizzen kommen im gemütlichen **Il Sestante** direkt aus dem Steinofen. Wenn es voll ist, wartet man bisweilen etwas länger auf sein Essen. Dann bietet der Besitzer seinen Gästen neben einer Entschuldigung auch ein Glas Prosecco an. Da drückt man doch ein Auge zu! Bei schönem Wetter sitzt man draußen auf dem Platz mit der wundervollen Piaristenkirche.
piaristengasse 50, www.sestante.at, telefon: 01 4029894, geöffnet: täglich 11.30-23.30, preis: 10 €, u-bahn: rathaus

CAFÉ DER PROVINZ ⑬

⑯ Die Hügel im Umland Wiens sind übersät mit Heurigen, Tavernen, die oftmals in der Nähe einer Bushaltestelle oder nicht weit davon entfernt liegen. **Weinstube Josefstadt** ist einer der wenigen Heurigen im Zentrum. Ein echter Geheimtipp, denn wer nicht weiß, dass sein Ziel hinter dieser dunkelgrünen Tür wartet, geht bestimmt daran vorbei. Nach dem Betreten gelangt man in einen prachtvollen, ruhigen Garten, in dem man an warmen Tagen wunderbar österreichischen Wein trinken, Passendes dazu essen und es sich einfach gut gehen lassen kann.
piaristengasse 27, telefon: 01 4064628, geöffnet: apr.-okt. täglich 16.00-0.00, garten bis 22.00, preis: glas wein 3 €, u-bahn: josefstädter straße

⑰ Wer das **Café Mascherl** betritt, fühlt sich in die Vergangenheit zurückversetzt, denn die Einrichtung verströmt das Flair alter Zeiten. Wenig angenehm ist das Café für Nichtraucher, da es zu den Wiener Lokalen gehört, in denen geraucht werden darf. Wen das nicht stört, der kann samstags auch brunchen. *piaristengasse 15, www.cafe-mascherl.at, telefon: 01 8905587, geöffnet: di-fr 8.00-19.30, sa brunch ab 10.30, preis: brunch 16,50 €, u-bahn: rathausplatz*

⑳ In dem kleinen italienischen Café **Hold** hat die Küche durchgehend geöffnet, serviert werden einfache Gerichte. Das Tagesmenü steht auf einer Tafel neben der offenen Küche. Für den Hunger zwischendurch bestellt man am besten ein Stück Kuchen oder Tiramisu mit einem extrastarken Espresso. *josefstädter straße 50, telefon: 01 4051198, geöffnet: mo-sa 8.00-23.00, preis: mittagessen 8 €, u-bahn: josefstädter straße*

(21) Das **Café Florianihof** ist ein quirliges Wiener Kaffeehaus mit eleganter Jugendstileinrichtung. Die Karte wirkt etwas konfus, aber die Gerichte sind lecker und preiswert. Angenehm: Die Bedienung ist sehr freundlich.
florianigasse 45, www.florianihof.at, telefon: 01 4024842, geöffnet: mo-fr 7.30-22.30, sa-so 9.00-19.00, preis: zwei-gänge-menü 7 €, u-bahn: josefstädter straße

(22) Das **Más!** ist ein Garant für einen netten Abend. In dem mexikanischen Restaurant ist es immer voll. Kein Wunder, denn das Essen und die Cocktails sind hervorragend, die lateinamerikanische Musik stimmt fröhlich und die Bedienung ist zuvorkommend. Platz nehmen kann man an der Bar oder an einem der Tische. Sonntags gibt es Frühstück.
laudongasse 36, www.restaurante-mas.at, telefon: 01 4038324, geöffnet: mo-do 17.00-0.00, fr-sa 17.00-2.00, so 10.00-0.00, preis: 10 €, u-bahn: josefstädter straße

(23) Als Karl Hummel diese Kneipe im Jahr 1935 übernahm, wusste er: Er würde daraus ein Lokal machen, das man so leicht nicht mehr vergisst. Inzwischen hat seine Enkelin die Leitung im **Café Hummel** übernommen, und das Lokal ist zu einer festen Größe im Viertel geworden. Zu den Gästen gehört ein bunter Mix aus Studenten, Opas mit ihren Enkeln, Familien und ganzen Freundeskreisen. Alle werden vom Ober im steifen Frack freundlich bedient. Die Karte ist typisch österreichisch. Im Sommer sitzt man herrlich auf der schönen Terrasse unter großen Bäumen.
josefstädter straße 66, www.cafehummel.at, telefon: 01 4055314, geöffnet: mo-sa 7.00-0.00, so 8.00-0.00, preis: melange 3,20 €, u-bahn: josefstädter straße

(24) Die Leckereien von **Cupcakes** schauen so toll aus, dass es fast schade ist, sie zu essen. Die Oreo- und Schokomousse-Cupcakes lassen einem das Wasser im Mund zusammenlaufen. Keine Lust auf süß? Kein Problem: Sie bekommen auch welche mit Lachs oder mit Balsamessig und Minze. Hergestellt werden sie alle in der Bäckerei nebenan – in Handarbeit, versteht sich.
albertgasse 17, www.cupcakes-wien.at, telefon: 01 7261089, geöffnet: mo-fr 10.00-19.30, sa-so 10.00-18.00, u-bahn: josefstädter straße

(25) Im **Etap** schmeckt alles nach Türkei. Viele Wiener Türken treffen sich hier zum Backgammon bei einer Tasse Tee. Die Gäste sitzen in dem großen, festlichen Saal oder im Innenhof und genießen die osmanisch-türkischen Spezialitäten (*halal*). Regelmäßig finden an den Wochenenden Musikauftritte statt. Die Küche ist bis spätabends geöffnet.
neulerchenfelder straße 13, telefon: 01 4060478, geöffnet: mo-do & so 8.00-0.00, fr-sa 8.00-2.00, so 10.00-0.00, preis: 9 €, u-bahn: josefstädter straße

(28) Am hippen, multikulturell geprägten Yppenplatz liegt das **Einraum** zwischen zahlreichen anderen netten Restaurants und Cafés. Das Lokal unterscheidet sich in zweierlei Hinsicht von seinen Nachbarn: Es ist einfach, aber stilvoll eingerichtet und bietet leckere asiatische Küche. Mittwochs legt ein DJ auf.
yppenplatz stand 153-155, www.ein-raum.at, telefon: 01 4020146, geöffnet: mo-fr 16.00-23.00 sa 9.00-23.00, preis: tagesgericht 8 €, u-bahn: josefstädter straße

(29) Die großen Fenster vom Restaurant **Wetter** erinnern noch an den Waschsalon, der sich hier einst befand. Die Einrichtung ist nüchtern-schlicht mit ein paar dekorativen Akzenten wie den mit Kissen übersäten Fensterbänken und den mit Texten verzierten Tischplatten. Gekocht wird original italienisch und die handgeschriebene Karte wechselt täglich.
payergasse 13, www.wettercucina.at, telefon: 01 4060775, geöffnet: di-fr 17.00-0.00, sa 10.00-0.00, preis: 10 €, u-bahn: josefstädter straße

(30) Im **Rasouli**, einem kleinen, sehr beliebten Speiselokal auf dem gemütlichen Yppenplatz, gibt es wunderbare Suppen, Frühstücksarrangements und Desserts. Die Gerichte sind einfach (Birchermüsli, Frenchtoast), schmecken aber hervorragend und werden aus biologischen Zutaten zubereitet.
payergasse 12, www.rasouli.at, telefon: 01 4031347, geöffnet: di-fr 9.30-0.00, sa 9.00-0.00, so 11.00-18.00 (bei schönem wetter 11.00-23.00), preis: suppe 4 €, u-bahn: josefstädter straße

CUPCAKES (24)

(31) Bis zum Meer ist es eigentlich ziemlich weit. Trotzdem gibt es einige Lokale, in denen bestes Seafood serviert wird. Eines davon ist das **An-Do Fisch**. Das große, gemütlich eingerichtete Restaurant lockt täglich mit frischen Fischgerichten wie Seebarsch in Meersalz. Aber auch die Gambas sind ein Hochgenuss. Es gibt eine große Weinkarte, auf der natürlich hauptsächlich Weißweine stehen.

yppenmarkt stand 40, www.andofisch.at, telefon: 01 3087576, geöffnet: mai-sept. mo-sa 11.00-0.00 okt.-apr. mo-fr 11.00-15.00 & 18.00-0.00, sa 11.00-0.00, preis: 19 €, u-bahn: josefstädter straße

10

10

5

Shoppen

(4) Wer an Wien denkt, denkt an Kaffee und Kaffeehäuser. Dabei vergisst man oft, dass Wiener auch gern Tee trinken. **Demmers Teehaus** hat mehr als 300 verschiedene Teesorten im Sortiment und bietet auch alles, was zum Teetrinken gehört: Teekannen, Siebe und Service. Über dem Laden befindet sich ein Teesalon mit bequemen Lounge-Sesseln.
mölker bastei 5, www.tee.at, telefon: 01 5335995, geöffnet: mo-fr 10.00-18.00, sa 9.30-13.30, u-bahn: schottentor

(5) Das **Kaufhaus Schiepek** gehört zweifellos zu den buntesten Läden Wiens. Hier findet man Ohrringe, Halsketten, Taschen und schöne Geschenkideen. Schmuck wird vor Ort handgefertigt, und wer selbst kreativ werden will, bekommt die nötigen "Zutaten". Für alle, die nicht fündig geworden sind, wartet gegenüber ein Ableger mit noch viel mehr schönen Dingen.
teinfaltstraße 3, www.kaufhaus-schiepek.at, telefon: 01 5331575, geöffnet: mo-fr 10.30-18.30, sa 11.00-18.00, u-bahn: schottentor

(10) In Shoppinglaune? Dann ist **x-act** fashion genau das Richtige für Sie. Denn hier kann man endlos in Mode herumschnüffeln und schöne Stücke anprobieren. Aber Vorsicht: Die Gefahr, den Laden nicht mit leeren Händen zu verlassen, ist groß! Wer Beratung braucht, kann sich immer an die freundliche Inhaberin wenden, die ansonsten eher zurückhaltend ist. Außer schönen Tops bekommen Sie zu vernünftigen Preisen elegante Kleider, Hosen, Jacken und Accessoires. Eine zweite Filiale finden Sie in der Neubaugasse.
josefstädter straße 7, www.x-actfashion.com, telefon: 01 4056987, geöffnet: mo-fr 10.00-20.00, sa 10.00-18.00, u-bahn: rathaus

(11) Auf der Suche nach skandinavischer Mode von Marken wie Bruuns Bazaar oder Munthe plus Simonsen oder Schmuck von Bjørg? Dann hat die Boutique **Mala** das, was Sie suchen. Die persönliche Beratung der freundlichen Inhaberin und Informationen über die letzten Modetrends sind übrigens inklusive.
josefstädter straße 17, www.mala-wien.at, telefon: 01 4030831, geöffnet: mo-fr 10.00-18.00, sa 10.00-14.00, u-bahn: rathaus

(18) Gaby hat Konfektionsgröße 42 und hatte immer Probleme, elegante und stilvolle Kleidung für sich zu finden. Grund genug, eine eigene Boutique zu eröffnen. Im **Stor** verkauft sie Kleidung in großen Größen, die vorwiegend aus Skandinavien stammt. Die Adresse für Frauen mit Format.
strozzigasse 38, www.storstore.at, telefon: 0699 19415910, geöffnet: di-fr 11.00-18.30, sa 10.00-14.30, u-bahn: josefstädter straße

(19) Von manchen Modellen, die **SI-Scarpe Italiane** im Sortiment hat, gibt es weltweit nur sechs Paar – exklusiver geht es also kaum. Das wundert nicht, denn der freundliche Inhaber stellt seine Kollektion aus Schuhen zusammen, die er bei kleinen italienischen Schuhmachern wie Rose's Rose einkauft. Neben solchen exquisiten Designerschuhen werden auch tolle Stiefel, Ballerinas und Pumps angeboten.
josefstädter straße 35, www.facebook.com/siscarpe, telefon: 0699 19021702, geöffnet: mo-fr 10.00-19.00, sa 10.00-18.00, u-bahn: josefstädter straße

(27) Das Erste, was man sieht, wenn man vom Brunnenmarkt auf den Yppenplatz tritt, ist das Delikatessengeschäft **Staud's**. Die Regale sind gefüllt mit Dutzenden verschiedenster Chutneys, Konfitüren und eingelegtem Gemüse – alles aus eigener Herstellung. Eine Wiener Institution!
brunnenmarkt, www.stauds.com , telefon: 01 40688050, geöffnet: di-do & sa 8.00-12.30, fr 8.00-12.30 & 15.30-18.00, u-bahn: josefstädter straße

STOR ⑱

100% there

(7) Wer ein schönes Foto vom Rathaus machen will, auf dem keine Buden oder anderen störenden Objekte zu sehen sind, wird sich schwertun, denn auf dem **Rathausplatz** davor ist fast immer etwas los. Ob der alljährliche Weihnachtsmarkt in der Adventszeit oder die Eisbahn im Januar und Februar, Wiener und Touristen strömen in Scharen herbei. Im Sommer gibt es ein Open-Air-Filmfestival und Sommerkino, im Frühjahr und im Herbst Veranstaltungen wie das Erntedankfest und ein Fahrradfestival.
rathausplatz, www.wiener-rathausplatz.at, u-bahn: rathaus

(12) Das **Theater in der Josefstadt** aus dem Jahr 1788 ist das älteste Theater Wiens, in dem noch heute Vorstellungen stattfinden. Das klassische Interieur in Rot und Gold mit den stilvollen Kristallkronleuchtern atmet den Geist der Vergangenheit. Beethoven und Wagner dirigierten hier ihre Werke.
josefstädter straße 26, www.josefstadt.org, telefon: 01 42700300, geöffnet: mo-fr ab 10.00, sa-so ab 13.00 bis vorstellungsbeginn, u-bahn: rathaus

(26) Der **Brunnenmarkt** ist der zweitgrößte Markt in Wien nach dem Naschmarkt. Touristen verirren sich nur selten hierher, dafür ist die Gegend fest in griechischer und türkischer Hand. Betriebsamkeit herrscht auf dem Markt vor allem samstags, wenn auch Erzeuger aus dem Umland ihre Waren anbieten.
brunnengasse, www.einkaufsstrassen.at/brunnenmarkt, geöffnet: markt mo-fr 6.00-19.30, sa 6.00-17.00, u-bahn: josefstädter straße

THEATER IN DER JOSEFSTADT ⑫

Josefstadt & Yppenplatz

SPAZIERGANG 6 (ca. 5,5 km)

Der Spaziergang beginnt mit einem Besuch einer österreichischen Weinhandlung (1). Weiter geht es dann jenseits des verkehrsreichen Rings, wo sich die Wiener Uni befindet (2). Links in die Mölker Bastei abbiegen und am Rest der alten Stadtmauer (3) entlanggehen, bis Sie Demmers Teehaus (4) erreichen. Zurückgehen und links in der Schreyvogelgasse den buntesten Laden Wiens (5) besuchen. Richtung Ring zurückgehen und links abbiegen, um in einem schicken Café (6) etwas zu trinken. An der Ampel rechts in Richtung Rathaus (7) (8) gehen. Vor dem Gebäude links in den Park einbiegen und Richtung Parlamentsgebäude (9) spazieren. Vor dem imposanten Bauwerk rechts in die Stadiongasse abbiegen. Die breite Straße überqueren, um in die Josefstädter Straße mit den Boutiquen (10) (11) und dem Theater (12) zu gelangen. Ein Stück zurückgehen, links die Lange Gasse nehmen und dann wieder links gehen. Sie kommen nun an einem französischen Café (13) und einem italienischen Restaurant (14) vorbei. Am Platz der Piaristenkirche (15) links in die Piaristengasse spazieren, in der Sie einen besonderen Heurigen (16) finden. An der Kreuzung geradeaus gehen, in einem netten Café einkehren (17). Oder zweimal rechts in Richtung Boutique (18) gehen. Zurück in der Josefstädter Straße links abbiegen (19). Hinter der Bar Hold (20) rechts in die Kupkagasse spazieren. Am Ende der Gasse rechts und sofort wieder links gehen, um zum Café Florianihof (21) zu kommen. Links über die Florianigasse in Richtung Skodagasse gehen. Lust auf mexikanisches Essen? Dann zweimal rechts abbiegen (22). Ansonsten links über die Skodagasse zur Josefstädter Straße zurückkehren und bei einem typischen Wiener Café (23) rechts abbiegen. Wer auf Cupcakes steht, geht geradeaus (24). Ansonsten in Richtung Gürtel spazieren, die Straße schräg nach links überqueren, um in die Neulerchenfelder Straße zu gelangen. Hinter dem türkischen Restaurant (25) rechts in Richtung Markt (26) gehen. Am Ende des Marktes erreichen Sie den beliebten Yppenplatz (27) (28) (29) (30) (31), den Endpunkt des Spaziergangs. Von hier sind es nur ein paar Gehminuten bis zur U-Bahn-Station Josefstädter Straße.

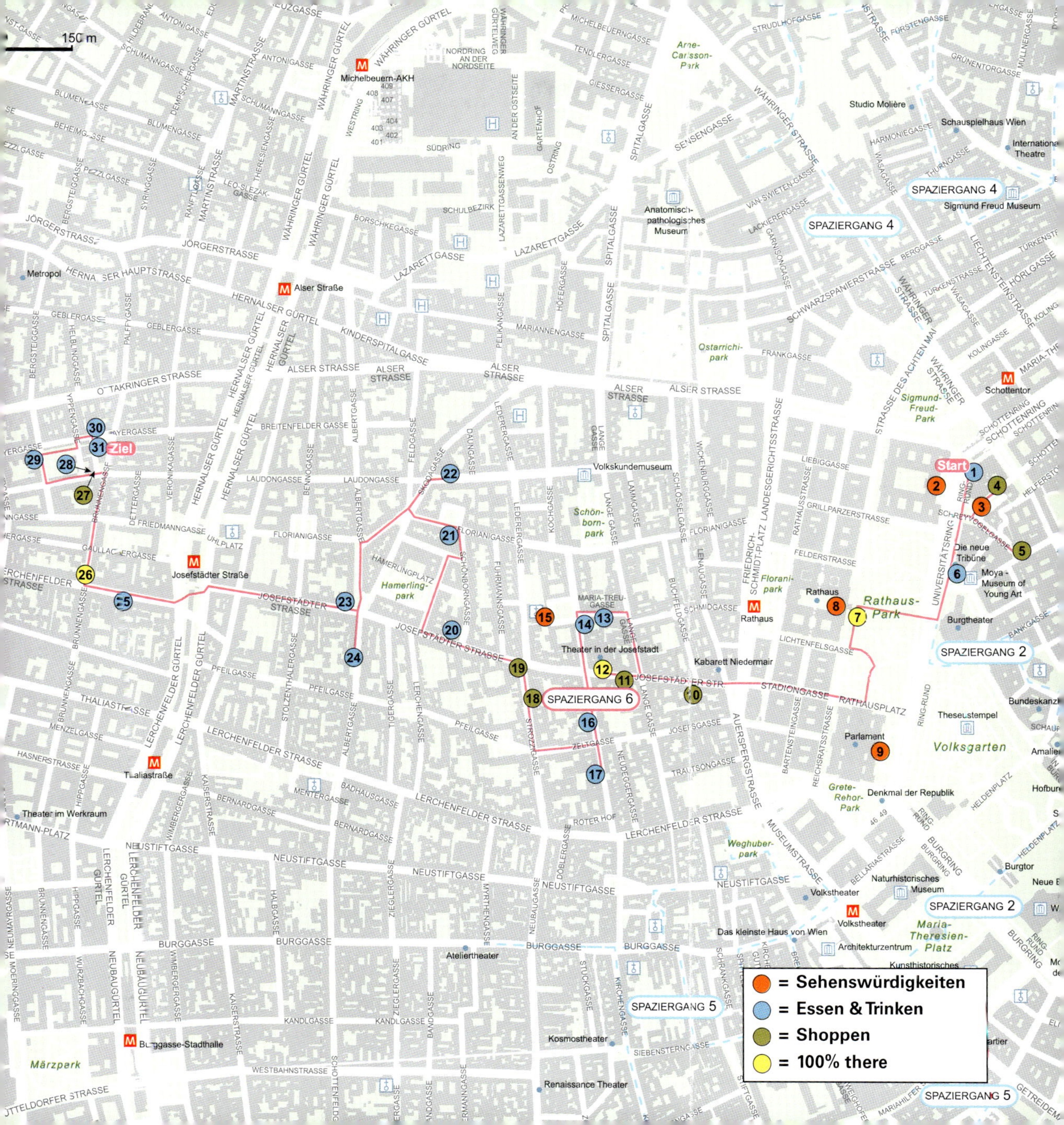

150 m
Michelbeuern-AKH
Nordring an der Nordseite
Südring
Arne-Carlsson-Park
Studio Molière
Schauspielhaus Wien
Internationales Theatre
SPAZIERGANG 4
Sigmund Freud Museum
SPAZIERGANG 4
Anatomisch-pathologisches Museum
Metropol
Alser Straße
Ostarrichi-park
Sigmund-Freud-Park
Schottentor
Volkskundemuseum
Schönborn-park
Start
Ziel
Die neue Tribüne
Moya - Museum of Young Art
Josefstädter Straße
Hamerling-park
Florani-park
Rathaus
Rathaus-Park
Rathaus
Burgtheater
SPAZIERGANG 2
Theater in der Josefstadt
Kabarett Niedermair
SPAZIERGANG 6
Bundeskanzleramt
Theseustempel
Parlament
Volksgarten
Thaliastraße
Theater im Werkraum
Denkmal der Republik
Grete-Rehor-Park
Weghuber-park
Burgtor
Naturhistorisches Museum
Volkstheater
SPAZIERGANG 2
Volkstheater
Maria-Theresien-Platz
Das kleinste Haus von Wien
Architekturzentrum
Kunsthistorisches Museum
Ateliertheater
SPAZIERGANG 5
Kosmostheater
Burggasse-Stadthalle
Märzpark
Renaissance Theater
SPAZIERGANG 5
Währinger Gürtel
Hernalser Gürtel
Lerchenfelder Gürtel
Neubaugürtel
Jörgerstraße
Hernalser Hauptstraße
Alser Straße
Ottakringer Straße
Laudongasse
Florianigasse
Josefstädter Straße
Lerchenfelder Straße
Neustiftgasse
Burggasse
Kandlgasse
Westbahnstraße
Hütteldorfer Straße
Währinger Straße
Lazarettgasse
Spitalgasse
Kinderspitalgasse
Skodagasse
Albertgasse
Lange Gasse
Lenaugasse
Friedrich-Schmidt-Platz
Landesgerichtsstraße
Universitätsring
Schreyvogelgasse
Stadiongasse
Rathausplatz
Auerspergstraße
Museumstraße
Schwarzspanierstraße
Strasse des Achten Mai
Liechtensteinstrasse
Schottenring
Brunnengasse
Thaliastrasse
Pfeilgasse
Zeltgasse
Strozzigasse
Piaristengasse
Schlösselgasse
Buchfeldgasse
Alser Strasse
Hamerlingplatz
Schönborngasse
Feldgasse
Maria-Treu-Gasse
= Sehenswürdigkeiten
= Essen & Trinken
= Shoppen
= 100% there

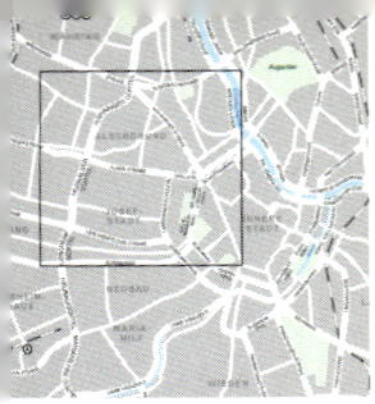

1 Wein & Co
2 Universität Wien
3 Mölker Bastei
4 Demmers Teehaus
5 Kaufhaus Schiepek
6 Café Landtmann
7 Rathausplatz
8 Rathaus
9 Parlamentsgebäude
10 x-act
11 Mala
12 Theater in der Josefstadt
13 Café der Provinz
14 Il Sestante
15 Piaristenkirche
16 Weinstube Josefstadt
17 Café Mascherl
18 Stor
19 SI-Scarpe Italiane
20 Hold
21 Café Florianihof
22 Más!
23 Café Hummel
24 Cupcakes
25 Etap
26 Brunnenmarkt
27 Staud's
28 Einraum
29 Wetter
30 Rasouli
31 An-Do Fisch

Weitere Sehenswürdigkeiten

Wer der in 100% Wien beschriebenen Route folgt, entdeckt viele Schönheiten der Stadt. Doch auch Orte abseits der Spaziergänge sind einen Besuch wert. Diese sind nachfolgend beschrieben. Manche dieser Sehenswürdigkeiten sind vom Zentrum aus etwas schwierig zu Fuß erreichbar, mit dem öffentlichen Nahverkehr ist das aber kein Problem. Die dazugehörigen Buchstaben finden Sie auf der Übersichtskarte vorn im Cityguide.

(L) **Schloss Schönbrunn** ist die Sommerresidenz von Kaiser Franz Joseph und Kaiserin Sisi. Dieses Rokokoschloss zählt 1441 Zimmer. 50 davon kann man besichtigen – zum Beispiel das Vieux-Lacque-Zimmer mit kostbaren asiatischen Lacktafeln oder den imposanten Spiegelsaal, in dem Mozart als Sechsjähriger auftrat. Das Schloss ist von einzigartigen Gärten umgeben. Hier liegt auch der älteste Zoo der Welt, in dem drei der sechs Pandas in Europa zu Hause sind.
schönbrunner schlossstraße 47, www.schoenbrunn.at, telefon: 01 811130, geöffnet: täglich apr.-juni & sept.-okt. 8.30-17.30, juli-aug. 8.30-18.30, nov.-märz 8.30-17.00, eintritt: ab 11,50 €, u-bahn: schönbrunn

(M) **Grinzing** ist ein idyllisches Dorf mit malerischen Häuschen am Stadtrand von Wien. Bekannt ist es vor allem für seine Heurigen, in denen Winzer ihre Weine verkaufen. Zum Essen nimmt man an langen Holztischen im Garten oder Innenhof Platz und bedient sich am Büffet.
straßenbahn: 38 grinzing

(N) Von Grinzing aus fährt man am besten mit dem Bus zum **Kahlenberg**. Ein gewundener Pfad führt auf das Gipfelplateau, von dem aus sich ein toller Blick über Wien eröffnet. Seit 2012 gibt es hier auch einen großen Waldseilpark.
www.waldseilpark-kahlenberg.at, bus: 38a kahlenberg

(O) In Wien gibt es viele Freibäder, die von April bis Mitte September geöffnet sind. Das schönste von ihnen ist das **Krapfenwaldbad**. Es gibt mehrere Becken, einen großen Spielplatz und eine riesige Liegewiese.
krapfenwaldgasse 65-73, www.wien.gv.at/freizeit/baeder/uebersicht/sommerbaeder/krapfenwaldlbad.html, telefon: 01 3201501, geöffnet: mai-mitte sept. mo-fr 9.00-19.00, sa-so 8.00-19.00 (mitte mai-aug, bis 20.00), eintritt: 5,30 €, bus: 38a kahlenberg

Ⓟ Das überwältigende **Belvedere** besteht aus zwei Barockschlössern, zwischen denen sich ein wundervoller Schlossgarten erstreckt. Das Untere Belvedere wurde 1717 erbaut und diente als Sommerresidenz und Bibliothek für Prinz Eugen von Savoyen. Heute bestaunt man hier moderne Kunst. Das Obere Belvedere aus dem Jahr 1722 wurde für offizielle Anlässe genutzt. Auch hier wird heute Kunst gezeigt, und zwar die weltweit größte Gustav-Klimt-Sammlung. Absolutes Highlight ist das mit Gold bearbeitete Gemälde *Der Kuss*. Ein Hochgenuss für Gartenfreunde: Neben dem Belvedere liegt der Botanische Garten mit über 9000 Pflanzen- und Baumsorten.
rennweg 6, www.belvedere.at, telefon: 01 795570, geöffnet: täglich 10.00-18.00, eintritt: 19 € (kombiticket), u-bahn: stadtpark oder karlsplatz

Ⓠ Das **Kunsthaus Wien** des Künstlers Hundertwasser erinnert an ein Märchenhaus aus einem Freizeitpark. Die Wände und Böden sind schief, die Keramikfliesen unregelmäßig und die Fassade ist bunt bemalt. Zwei Etagen des Museums sind dem vielfältigen Werk Hundertwassers gewidmet. Daneben gibt es wechselnde Ausstellungen anderer Künstler. Werfen Sie auch einen Blick in das **Hundertwasserhaus**: Der Künstler schuf dieses Haus 1986 als Protest gegen die – in seinen Augen langweilige – moderne Architektur.
untere weissgerberstraße 13, www.kunsthauswien.com, telefon: 01 7120491, geöffnet: täglich 10.00-19.00, eintritt: 10 €, u-bahn: landstraße

Ⓡ Der **Prater**, eine drei Kilometer lange Parklandschaft, ist bei schönem Wetter äußerst beliebt. Hier befindet sich auch das Ernst Happel Stadion, in dem die österreichische Fußballnationalmannschaft ihre Gäste empfängt. Im Westen des Parks lockt der Wurstelprater, ein großer Vergnügungspark mit dem berühmten Wiener Wahrzeichen, dem Riesenrad. 1897 erbaut, drehen die 15 knarzenden Gondeln auch heute noch ihre Runden.
u-bahn: praterstern

Ⓢ Das Besondere an Wien sind neben dem vielfältigen Kulturangebot auch die zahllosen Freizeitmöglichkeiten für Naturfreunde. Wer im Sommer Abkühlung braucht oder mit einem Tret-, Ruder- oder Elektroboot auf dem Wasser herumschippern will, sollte die **Alte Donau** aufsuchen. Der ideale Ort für einen entspannten Strandtag.
www.alte-donau.info, u-bahn: alte donau

Ⓤ PORGY & BESS

Ausgehen

Das Wiener Nachtleben hat für jeden etwas zu bieten – von der gemütlichen Kneipe, in der man in aller Ruhe ein Bierchen trinken kann, über die trendige Cocktailbar bis hin zum Szene-Nachtclub. Oder wie wäre es mit einem Besuch im Jazzclub oder einem klassischen Konzert in einem historischen Konzertsaal? Auf *www.vienna.info* und *www.falter.at* erfahren Sie, was in Wien gerade los ist. Und auf *www.viennaticketoffice.com* können Sie bequem online Karten für eine Vorstellung oder ein Konzert kaufen. Ein kleiner Tipp: Die Österreicher legen viel Wert auf ein gepflegtes Äußeres, wenn sie abends ausgehen. Herren in Jeans und T-Shirt wird in manchen Clubs der Zutritt verweigert.

Hier folgt eine Auswahl beliebter Locations. Eintrittspreise werden nicht aufgeführt, denn sie richten sich danach, welcher DJ bzw. welche Band auftritt. Die Buchstaben entsprechen den Eintragungen in der Übersichtskarte am Anfang dieses Buches.

(T) Architekturfans sollten auf keinen Fall die **American Bar** verpassen. Adolf Loos gestaltete diese kleine Cocktailbar 1908 mit schwarzem Onyx, dunklem Marmor und Kupfer. Mit Spiegeln vergrößerte er die Räume optisch. Die Cocktails sollen die besten der Stadt sein.
kärtner durchgang 10, www.loosbar.at, telefon: 01 5123283, geöffnet: täglich 12.00-spätabends, preis: cocktail 11 €, u-bahn: stephansplatz

(U) In einem ehemaligen Pornokino befindet sich heute der relaxte Jazzclub **Porgy & Bess**, die mit Abstand beste Jazz- und Blueslocation der Stadt. Die Gäste sitzen bei Essen und Trinken auf zwei Etagen – mit Blick auf die Bühne. Nach den Konzerten legen häufig DJs auf. Rechtzeitig Karten sichern!
riemergasse 11, www.porgy.at, telefon: 01 5128811, geöffnet: täglich 20.00-spätabends, u-bahn: stubentor

Ⓥ Das Bermuda Dreieck, der Nightlife-Hotspot Wiens, liegt zwischen Stephansdom und U-Bahn-Station Schwedenplatz. Mittendrin: das **First Floor** mit der langen Bar und dem Aquarium dahinter. In den dunklen Ecken wappnen sich Pärchen und Partygänger für eine lange Party-Nacht. Musiker treffen sich an Wochenenden nach der Arbeit auf eine Jamsession.
seitenstettengasse 5, telefon: 01 5332523, geöffnet: mo-sa 19.00-4.00, so 20.00-3.00, u-bahn: schwedenplatz

Ⓦ Nur wer adäquat gekleidet ist, darf die schicke **Albertina Passage** besuchen. Diese Bar ist immer voll mit durchgestylten Wienern und schon allein deshalb einen Besuch wert. Aber Vorsicht: Günstig ist hier nichts. Für viele Wiener der beste Ort für einen Absacker, zum Beispiel nach einer Vorstellung in der Staatsoper. Essen kann man natürlich auch etwas.
opernring (unterhalb der staatsoper), www.albertinapassage.at, telefon: 01 5120813, geöffnet: di-sa 18.00-4.00, preis: bloody mary 12 €, u-bahn: karlsplatz

Ⓧ Der riesige unterirdische Nachtclub **Passage** liegt in einem ehemaligen U-Bahn-Tunnel. Das Interieur ist weiß, die Beleuchtung spektakulär. An Wochenenden wird House- und Clubmusik gespielt, dienstags sind Diskoklassiker an der Reihe. Das Publikum ist eher jünger.
burgring ecke babenbergerstraße, www.sunshine.at, telefon: 01 9618800, geöffnet: di-mi 20.00-4.00, do 21.00-4.00, fr-sa 22.00-6.00, u-bahn: volkstheater

Ⓨ Die oberste Etage des **25hours Hotels** beherbergt die Bar **Dachboden**, ein schickes Lokal mit Retro-Einrichtung. An lauwarmen Sommerabenden lässt es sich auf der langen Dachterrasse gut aushalten, nicht zuletzt wegen der grandiosen Aussicht auf die Stadt. Die Bar ist so beliebt, dass sich nicht selten unten am Eingang eine Schlange bildet.
lerchenfelder straße 1-3, www.25hours-hotels.com, telefon: 01 521510, geöffnet: di-fr 14.00-1.00, sa 12.00-1.00, so 14.00-22.00, preis: cocktail 10 €, u-bahn: volkstheater oder rathaus

DACHBODEN Ⓨ

Ⓩ Im modernen, großzügig bemessenen **Freiraum** nehmen die Gäste in gelben Sofas oder an hohen Bartischen Platz. Diese große Bar ist der ideale Ort für einen gemütlichen Drink am Nachmittag oder Abend. Die Stimmung ist ungezwungen und auf eine Kleidervorschrift wurde verzichtet. Es werden auch Speisen serviert. Die umfangreiche und vielfältige Karte reicht von Pizza über japanische Grillspezialitäten und gefüllte Pitas bis hin zum Schnitzel. Die meisten Wiener aber kommen nur auf ein Getränk vorbei. Probieren Sie einen der vielen Lassis, Smoothies oder Cocktails.
mariahilfer straße 117, www.freiraum117.at, telefon: 01 5969600, geöffnet: mo-mi 8.00-2.00, do-sa 8.00-4.00, so 8.00-2.00, eintritt: frei, u-bahn: westbahnhof

Alphabetischer Index

Thematischer Index

hotels

sehenswürdigkeiten

shoppen

unterwegs

Impressum

Dieser 100% Cityguide wurde mit größter Sorgfalt zusammengestellt. Mo Media ist nicht verantwortlich für eventuelle inhaltliche Fehler. Anmerkungen und/oder Kommentare können an **mo media GmbH, Steinstraße 15, 10119 Berlin** oder **info@momedia.com** gerichtet werden.

autoren
chantal de hommel (aktualisierung)
wouter pronk, katrien verhoeven

fotografie
mascha verkooijen, marjolein den hartog, s. 13: sofitel vienna stefansdom, strandbar hermann: chantal de hommel

übersetzung
bookwerk köln/münchen (aktualisierung), textcase

lektorat
caroline kazianka (aktualisierung, für bookwerk), ulrike grafberger

schlussredaktion
annette steger, mo media

konzeptgestaltung
studio 100%

gestaltung
mastercolors mediafactory

kartografie
van oort redactie en kartografie

100% wien
isbn 978-3-943502-78-7

aktualisierte ausgabe,
september 2014

100% CITYGUIDES

100% TRAVELGUIDES

Ausführliche Informationen zum 100% Programm finden Sie auch auf unserer Homepage unter **www.100travel.de**

Meine 100% Geheimtipps
(Notizen und Ideen)

Folge uns auf und teile Deine eigenen 100% Tipps!

Mehr zu 100% unter: **www.100travel.de**

1 0 0 % W I E N

In Wien gibt es so viel zu erleben, aber wo soll man am besten beginnen? Natürlich will man das berühmte Schloss Schönbrunn besichtigen, den *Kuss* von Gustav Klimt bewundern und in einem typischen Wiener Kaffeehaus Sachertorte essen. Doch es gibt noch so viel mehr: Wien, das ist auch das moderne MuseumsQuartier, die einzigartige Atmosphäre auf dem Naschmarkt, die prachtvoller Jugendstilbauten, ein Cocktailabend im angesagten Nachtclub oder eine Vorstellung in der Wiener Staatsoper. 100% Wien zeigt Ihnen, was Sie auf keinen Fall verpassen sollten. Sightseeing & Shopping, Ausgehen & Abenteuer – die übersichtlichen Stadtpläne weisen Ihnen den Weg.

AUF 6 SPAZIERGÄNGEN 100% WIEN ERLEBEN!

1 0 0 % W I E N

SPAZIERGANG 1: ZENTRUM ALTSTADT
Die vornehme Altstadt Wiens muss man einfach gesehen haben, denn hier liegen die Anfänge der Stadtgeschichte. Der Spaziergang führt Sie zum prächtigen Stephansdom, durch mittelalterliche Gassen und vorbei an eleganten Geschäften und traditionellen Wiener Kaffeehäusern.

SPAZIERGANG 2: ZENTRUM HOFBURG
Die Hofburg, die Winterresidenz von Kaiserin Sisi, ist märchenhaft schön. Die exklusiven Einkaufsmeilen auf dem Kohlmarkt und am Graben locken mit teuren Geschäften. Die Gegend um den Judenplatz erinnert an die reiche jüdische Geschichte Wiens und die Opfer des Nationalsozialismus.

SPAZIERGANG 3: DAS FREIHAUSVIERTEL
Das Freihausviertel ist der alternativste Stadtteil Wiens und voller Designerläden und gemütlicher Cafés. Höhepunkt ist der große Naschmarkt, der für ausgefallene Produkte und schöne Restaurants bekannt ist.

SPAZIERGANG 4: ALSERGRUND & KARMELITER
Alsergrund ist das Universitätsviertel Wiens mit einem schönen Campus. Die Gegend um den Karmelitermarkt ist der Hotspot der Stadt. Hier wimmelt es von kultverdächtigen Cafés und Designerläden. Im weitläufigen Augarten oder in den Strandbars am Donaukanal kann man herrlich entspannen.

SPAZIERGANG 5: NEUBAU & MARIAHILF
Für Shopaholics ist dieser Spaziergang ein Riesenvergnügen. Links und rechts der größten Einkaufsstraße Wiens, der Mariahilfer Straße, gibt es unzählige Designershops und besondere Geschäfte. Kulturfreunde kommen im MuseumsQuartier auf ihre Kosten.

SPAZIERGANG 6: JOSEFSTADT & YPPENPLATZ
Im Studentenviertel Josefstadt gibt es gemütliche Kneipen und nette Boutiquen. Ganz anders gibt sich der bunte Brunnenmarkt mit dem benachbarten Yppenplatz: In den Multikulti-Restaurants kann man toll essen.